本书获得广西大学研究生教育内涵式发展"十四五"教育质

XIANDAI NONGYE CHUANGXIN YU XIANGCUN ZHENXING
ZHANLUE ANLI YU SHIJIAN

现代农业创新与乡村振兴战略

案例与实践

何新华 ◎ 主编

杨小淦　叶明琴　梁静真　刘小玲 ◎ 编著

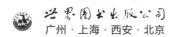
世界图书出版公司

广州·上海·西安·北京

图书在版编目（CIP）数据

现代农业创新与乡村振兴战略案例与实践 / 何新华主编；
杨小淦等编著 . — 广州：世界图书出版广东有限公司，2024. 11.
— ISBN 978-7-5232-1771-9

Ⅰ . F32

中国国家版本馆 CIP 数据核字第 2024WN3646 号

书　　名	现代农业创新与乡村振兴战略案例与实践
	XIANDAI NONGYE CHUANGXIN YU XIANGCUN ZHENXING ZHANLUE ANLI YU SHIJIAN
主　　编	何新华
编 著 者	杨小淦　叶明琴　梁静真　刘小玲
责任编辑	程　静
装帧设计	苏　婷
责任技编	刘上锦
出版发行	世界图书出版有限公司　世界图书出版广东有限公司
地　　址	广州市新港西路大江冲 25 号
邮　　编	510300
电　　话	020-84453623 84184026
网　　址	http://www.gdst.com.cn
邮　　箱	wpc_gdst@163.com
经　　销	各地新华书店
印　　刷	广州市迪桦彩印有限公司
开　　本	787mm×1092mm　1/16
印　　张	11.75
字　　数	136 千字
版　　次	2024 年 11 月第 1 版　2024 年 11 月第 1 次印刷
国际书号	ISBN 978-7-5232-1771-9
定　　价	48.00 元

前　言
PREFACE

2017 年，党的十九大报告提出乡村振兴战略，明确了产业兴旺、生态宜居、乡风文明、治理有效、生活富裕的总要求，制定了三步走的战略目标，总目标是实现农业农村现代化。乡村振兴的制度框架和政策体系已经建立，第一阶段目标已经实现。"十四五"乃至今后较长时期内，全面实施乡村振兴战略，加快推进农业农村现代化将成为"三农"工作的中心任务。

现代农业创新与乡村振兴战略是全国农业专业学位研究生教育指导委员会制定的农业硕士指导性培养方案中明确规定的公共学位课。这门课主要讲授现代农业发展和实施乡村振兴战略的新理论、新进展，习近平新时代中国特色社会主义"三农思想"，中国式农业农村现代化，现代农业创新与农业新质生产力，产业振兴、人才振兴、生态振兴、文化振兴、组织振兴五大振兴的理论与实践案例等。

案例教学是这一门课的重要教学环节。在乡村振兴战略实施中，各地探索出许多典型案例。本教材从产业振兴、人才振兴、生态振兴、文化振兴、组织振兴及共同富裕中精选出一批案例供大家研读，为大家提供经验借鉴。部分研究生参与了案例库的编写，一些案例已在教学中得以应用。

本教材适用于农业管理、农村发展、农艺与种业、资源利用与植物保护、渔业发展、畜牧、食品加工与安全、农业工程与信息技术等农业硕士培养领域，也可供正在从事或有意愿从事乡村振兴和农业农村现代化相关工作的公务员、高校教师、研究院所科研人员、企事业单位管理人员和农业类在校生参考使用。

目 录
CONTENTS

第一部分

产业振兴案例

▶▶▶ 河南守望之境科技有限公司"体细胞克隆"技术产业化应用实践

摘要：种业振兴是确保我国农业健康、可持续发展的重要战略举措。高效生物育种技术的研发和推广应用是我国种业振兴的重要内容，对提高我国农业种源水平、提升核心种源自给能力具有重大意义。体细胞克隆是畜牧生物育种的关键技术之一，已成为动物新品种创制和核心种群扩繁的重要技术手段。师从广西大学卢克焕教授的博士研究生刘红波于2018年在河南创立守望之境科技有限公司，着力打造马、牛、猪、猫、鹿等多种动物产业化级别的"体细胞克隆"技术系统，并在产业化推广方面做出了积极贡献，得到了行业内高度认可。本案例以河南守望之境科技有限公司为例，展现了"体细胞克隆技术"产业化推广应用赋能畜牧企业高效育种的现实路径，对确保我国种业安全具有重要价值。

关键词：精准繁育，生物育种，体细胞克隆，创新驱动，产业化

1. 案例依据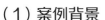

（1）案例背景

种业振兴是确保我国农业健康、可持续发展的重要战略举措。近年来，国家多部委发布文件对我国种业未来发展的产业总体布局、技术需求、市场导向和政策法律支持做出了具体的顶层设计和制度安排。我国许多育种相关企业顺应现代畜牧业发展需求，围绕种业发展技术瓶颈问题积极开展前瞻性研发和推广应用，为我国种业战略的顺利实施提供了重要的支撑。

（2）研究对象

本案例以河南守望之境科技有限公司为例，具体展示了该公司在肉牛、猪、马克隆技术的产业化实践，展现了"体细胞克隆技术"产业化推广应用赋能畜牧企业高效育种的现实路径。

（3）研究意义

动物克隆是实现种业创新的重要技术手段，是当前中国农业农村重大科学命题之一。本案例展现了以守望之境科技有限公司为代表的中国动物育种技术公司的生动创新实践，对我国动物育种技术公司的未来发展具有参考价值。

2. 案例内容

提升动物生产效率是畜牧业高质量发展的关键，而动物群体生产效率提升的关键在于畜牧良种，畜牧良种是畜牧产业发展的核心战略资源。习近平总书记也曾强调"中国人的饭碗任何时候都要牢牢端在自己手上"，种业安全被提升到了前所未有的高度。河南守望之境科技有限公司围绕国家畜牧业发展的战略需求，聚焦家畜精准繁育平台建设，深度赋能产业生态建设，为我国畜牧繁育企业发展提供了范例。

（1）聚焦体细胞克隆技术研发，打造产业级家畜精准繁育平台

在猪业务上，河南守望之境科技有限公司建立了中国最大规模的社会化运营基因库，联合行业伙伴动态保护全国良种地方猪品种和引进种猪品种20多个，入库基因共计10000份左右，并通过体细胞克隆技术群体复原巴马香猪、五指山猪和陆川猪等10余个地方良种。经过连续6年产业实践积累，公司已形成中国最大规模、世界一流水平的猪产业级克隆技术，并向生物育种和高端医用猪开发方向持续发力。当前累计处理卵母细胞62.5万枚、克隆胚胎27.3万多枚、体细胞克隆猪3000多头，受胎率高达70%—100%。

2015年，河南守望之境科技有限公司青牛思源研发团队成功获得河南首批试管牛和体细胞克隆牛，并在2023年3月参与了河北省科技厅"揭榜挂帅"项目——《荷斯坦奶牛特色基因编辑与核移植生产种用胚胎技术》，主要承担体外胚胎、克隆胚胎和基因编辑克隆胚胎等生产和研发工作。该项目将克隆胚胎移植到代孕黄牛母体内，通过"借腹怀胎"技术，让黄牛生产良种克隆奶牛，情期受胎率和克隆牛存活率均取得新突破，情期受胎率33.33%，克隆犊牛成活率23.81%。守望之境克隆牛产业技术的研发，为我国良种牛快速扩繁和新品系创制提供了范例。

2020年8月，经过5年技术攻关，团队成功获得中国首例体细胞克隆马，打破了中国17年没有克隆马的历史。2021年，成功克隆德保矮马、温血马、马球马、汗血马、阿拉伯马、弗里斯兰马和美国花马

7个品种，使我国成为继美国和阿根廷之后第三个掌握产业级克隆马技术的国家。相关成果被河南卫视、河南日报、搜狐网、腾讯网、美国马球杂志等媒体进行了专访或报道。

2021年7月繁育获得河南首批、中国第三批克隆猫，12月获得中国首例基因编辑体细胞克隆猫——金色狸花猫。

2022年8月，公司技术团队成功获得中国首例体细胞克隆梅花鹿，首年秋季产茸量为群体平均水平的5倍，这也使得我国成为继美国之后第二个掌握梅花鹿体细胞克隆技术的国家。

（2）立足技术服务优势，深度赋能产业生态建设

河南守望之境科技有限公司聚焦克隆、体外受精和胚胎移植等核心能力，从精准繁育技术切入到种业，以种业快速赋能产业生态链，提升行业国际竞争力。

在商业模式上，公司以"总部生物育种中心＋生物育种示范基地＋种业振兴矩阵＋乡村振兴矩阵＋乡村振兴"孵化平台为组合，致力于在全国范围内组建反刍动物种业公司矩阵、打造更多科技示范基地。

其中的重点项目之一就是青牛思源。作为河南守望之境科技有限公司的子公司，河南青牛思源生物科技有限公司成立于2017年，聚焦反刍动物资源保护、深度挖掘与开发，提供反刍动物生物育种全场景和全生命周期整体解决方案。通过青牛思源与地方特色种业企业的联合规划发展，守望之境已搭建起雪花肉牛、雪花肉羊和高产奶牛等多个新品种培育平台和生物育种技术示范基地。

目前公司已经累计操作大动物卵母细胞100多万枚，制作胚胎累计50多万枚，是目前所知中国唯一可以同时开展猪、牛、羊、马、猫

和梅花鹿6个物种产业级精准繁育的公司。在不远的未来，公司将利用生成式预训练大模型，实现大动物的"智慧繁育"，加速我国动物繁育科技的发展进程，助力产业高质量发展。

3. 案例使用说明

（1）教学用途与目的

a. 本案例适用课程：

适用于现代农业创新与乡村振兴战略等相关课程。

b. 本案例的教学目的：

通过对本案例的讨论和学习，使学生理解和掌握现代农业创新与乡村振兴战略等课程的理论，拓展和深化学生对现代畜牧业、种业振兴等内容的认知，同时提出具体的学习目标。

（2）涉及知识点

本案例涉及种业安全、种业振兴和产业振兴等理论，同时涉及家畜遗传学、家畜繁殖学、分子生物学、细胞生物学方面的科学与知识点。

（3）分析框架

本案例分析框架的构建通过以下过程实现：一是研究文献，初步确定分析维度和角度；二是通过讨论和修改形成完整分析框架；三是结合文献和其他案例分析，确定各分析角度的水平层级，实现定量分析。主题案例的核心包括问题、活动、素材和知识四部分，通过四个维度对案例进行分析评价，最终构建具体的分析角度和每个角度对应的水平层级。

主要参考文献

[1] 王涛. 体细胞克隆技术赋能 共创畜禽种业"中国芯"[J]. 国家发展研究, 2021 (11): 69-72.

[2] 何星辉, 付菁, 赵英淑, 等. 当克隆宠物成了一门生意[N]. 科技日报, 2023-06-08 (005).

[3] 大事件! 中国首例克隆马在河南诞生[N/OL]. 凤凰网. 2020-08-16.https://news.ifeng.com/c/80sLRn6zKxb.

[4] 中国首匹克隆马诞生[N/OL]. 腾讯网, 2020-11-19.https://new.qq.com/rain/a/20201119A0CIYI00.

（执笔：杨小淦）

▶▶▶ 桂福园：产业融合助力现代种业发展

摘要：我国既是蔬菜生产大国，又是蔬菜消费大国。构建以企业为主体的商业化育种体系，是种业现代化的必由之路。但在蔬菜领域，我国的商业化育种程度和国外还存在一定的差距。南宁市桂福园农业公司将消费和产业的需求高度融合，探索从"种子"到"筷子"的闭环产业模型，通过社区电商渠道，将以高科技"芯片"为支撑的高端食材送到家庭消费者手中。种子企业创制种子，农场基地直接采购种子并种植，基地与社区电商平台合作，将新品配送至电商前置仓，再运送到各社区门店，最终送达消费者餐桌。从种子到筷子，以科技引领、以消费需求驱动种子"芯片"迭代升级，带动新产品快速在市场推广。优质"芯片"支撑产业发展和做大做强，并通过引入加工设备制成工业食品，引入"农文旅教"打造拓展研学基地、农耕体验基地等，实现产业融合发展，助力乡村振兴，助力提升广西现代种业的发展水平和影响力。

关键词：种业，乡村振兴，产业融合

1. 案例依据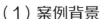

（1）案例背景

党的十八大以来，习近平总书记高度关心我国种业安全和发展，多次强调要把民族种业搞上去。2024年中央一号文件要求强化农业科技支撑，加快推进种业振兴行动，加大种源关键核心技术攻关；2024年《国务院政府工作报告》提出，加大种业振兴、农业关键核心技术攻关力度。国际间种业竞争的关键是种业科技的竞争，种业科技已成为国际现代农业竞相控制的战略高地。一国的种业科技发展程度对衡量该国的农业发展水平而言，起着举足轻重的作用。自2006年起，桂福园便开展鲜食玉米、瓜类的商业化育种体系建设，着力打造产业融合发展模式，目前构建的特色作物种子（种苗）驱动三产融合的模式已落地广西桂林，成功为国内种业企业融合发展提供了可行典范，值得借鉴和学习。

（2）研究对象

南宁市桂福园农业有限公司成立于2002年5月，是一家专注于鲜食玉米、瓜类蔬菜育、繁、推一体化的种子企业，是中国种子协会AA企业、中国蔬菜种业信用骨干企业、广西蔬菜良种培育中心、广西农业产业化龙头企业。桂福园是全国农作物品种展示评价基地、广西高蛋白高油玉米加工工程技术中心、南宁市农业产业化龙头企业。公司于2006年开始从事鲜食玉米、冬节瓜类的自主研发，在南宁、黑龙江、天津建设占地超过1200亩育种农场，选育审定自主知识产权的品种70余个。公司成立以来，连续20年参加广东种业大会。桂福园一直走在自主创新的前沿，经过六年的实践探索，其关联公司天贵庄园开始尝试进行"一产"到"三产"的融合发展。

（3）研究意义

南宁市桂福园农业有限公司及其关联公司广西天贵庄园，围绕乡村振兴战略总要求，针对中国种业科技创新存在的问题，提出了促进中国种业发展的对策，进一步激发了种业创新活力。桂福园致力于利用特色作物种子"芯片"驱动三产融合，服务乡村振兴，更加深入贯彻落实习近平总书记提出的必须把民族种业搞上去的重要指示精神，以实现中国种业的高质量发展。这种以种子"芯片"驱动三产融合的创新模式对利用科技助推中国现代种业，实现中国农业增产增值具有现实的指导作用。

2. 案例内容

2024年中央一号文件提出，加快推进种业振兴行动，完善联合研发和应用协作机制，加大种源关键核心技术攻关，加快选育推广生产急需的自主优良品种。南宁市桂福园农业有限公司及其关联公司广西天贵庄园，围绕乡村振兴战略总要求，利用特色作物种子"芯片"，多年来致力于以科技创新推动种业发展，驱动三产融合，服务乡村振兴。如今，桂福园是全国农作物品种展示评价基地、广西高蛋白高油玉米加工工程技术中心、南宁市农业产业化龙头企业。桂福园拥有73个自主知识产权的省级审定登记品种，获得玉米植物新品种保护6个，自建3个研究农场和1个种子仓储加工中心，并在黑龙江、海南及天津设立育种站。

（1）提高种植技术水平

提高种植技术水平，能起到事半功倍的效果。国外杂交种想打入中国市场有一个难点：因为他们的种子贵，这些国外种业公司需要通过技术服务以及产业下游产生效益来推广他们的种子。这就要求，这些企业走进农地，下乡推广。这对他们而言是困难的，却是我们的强项。南宁市桂福园农业有限公司2006年在广西桂林、荔浦、柳州、北海、田东、田阳设立了6个全资子公司，重点关注鲜食玉米、高蛋白玉米、瓜类领域，与中国科学院、中国农业科学院、广西农业科学院等单位展开深入合作。其关联公司广西天贵庄园被评为农业农村部现代种业提升工程玉米原原种基地、广西玉米良种联合攻关展示平台、桂福园农业星创天地新型职业农民实训基地、广西职业技术学院校企合作实训基地、广西工业技师学院校企合作实训基地、贺州学院校企合作实训基地和钦州农校校企合作实训基地等，是广西教育厅评定的广西首批"中小学生研学实践教育基地"。2018年，鲜食玉米'天贵糯932'获得农业农村部颁发的植物新品种权。同时，公司注重员工成长及培养，专门设立有专家智库，实施"走出去，请进来"的人才培育发展理念，长期保持与各行业各类专家的密切沟通。通过技术下乡服务、帮助种植户销售农产品服务，公司推广了台湾黑美人西瓜、以色列硬果番茄、日本西洋南瓜等新品种，并成为行业标杆。通过以上实践，桂福园形成了年销售额超过3000万元、年利润超过300万元的种子、农资连锁销售模式，是最早一批种子、农资连锁模式的实践者。

（2）回归消费者需求

随着社会进步，人们对食物的需求不再满足于"有没有"，而是追求味道"好不好""特别不特别",营养"丰富不丰富"。让大家都吃得满意的品种,必然独具特色,天生带有美味基因。一粒携带美味基因的种子,是农业发展的"芯片",是品种生命的开端,也是现代消费者舌尖美食的起点。带美味基因的的种子芯片,才真正能满足消费者对"色、香、味、形"的极致追求。以甜糯相宜、外观靓丽的'天贵糯932'为代表的亿元大单品获得广泛认可,一跃成为同类产品市场上的中流砥柱。同年,一个香型绿肉小冬瓜目标性状定型,获得消费者称赞,这是桂福园培育的新品种'碧香冬瓜'。该品种"脆甜爽口,芋香浓,可清蒸可炖汤,口感好"。桂福园创制了全世界第一个带香芋味的高品质绿肉节冬瓜,解决了原来节冬瓜发酸、品质不好的问题。除美味适口的鲜食玉米外,南宁市桂福园农业有限公司还培育出适合消费者需求的外观靓丽、花色丰富、风味"香甜糯"的新品种,如紫白相间的'天贵糯502''烟霞',黄白相间的'金镶玉'和全黑的'天贵糯515'。

事实证明,拥有特色的差异化品种才有强大的市场需求,历经4年,桂福园在稳步提升'天贵糯932''碧香冬瓜'等产品市场占有率的同时,还在不断丰富产品线,研发新的品种来满足消费者的多元化需求。据了解,桂福园目前已增加了对耐寒马铃薯、青储玉米、新类型高蛋白青储玉米等新型品种的研发,并即将对分子育种和基因编辑加大研发投入与应用。

（3）创新驱动三产融合

单一产业形态的平均生产成本较高,导致产品附加值低、农业产业价值链短等现象。梳理产业路径,探索产业融合,将碎片化的产融概念系统化是目前困扰产业的难题之一。产业融合是种子价值的二次开发，会给种业带来全新的盈利机会和发展空间。

依托种子驱动全产业链，服务乡村振兴是种子价值彰显的全新蓝海。但进入产融领域之前，种业企业需对自身创新能力与对产业的理解和资源整合能力做理性评估，谨慎对待，在探索中找到合适路径。针对此难点，桂福园在天贵庄园开始尝试进行一系列"一产"到"三产"的融合发展。桂福园在天贵庄园的"产融示范园"内种植具有自主知识产权的新品种（比如'碧香冬瓜'），联合抖音直播基地，将'碧香冬瓜'直接送到消费者手上，同时配合当地的社区电商，完成第一步"新品种直接送达消费者"的目标。待此模式成熟后，公司会逐渐扩大合作规模，跟火锅联盟、连锁超市等餐饮企业形成'碧香冬瓜'专供的合作关系，满足餐饮企业专供性新菜品的需求。同时，为迎合目前消费者快节奏的消费需求，公司还会将非标品的'碧香冬瓜'做成预制菜。创制新品种、研发新技术、开拓新市场，南宁桂福园一直在努力探索实践中。'天贵糯932''碧香小冬瓜'等实力品种知名度不断提高。截至目前，公司拥有73个自主知识产权的省级审定登记品种，获得玉米植物新品种保护6个。

通过注重种业科技创新，南宁桂福园新品种不断涌现，产业结构得到融合发展，公司实力得到发展壮大，成为广西种业创新的代表。公司产品取得了市场、客户及业内专家的高度认可。'天贵糯932'从海南到黑龙江均能种植，是广西唯一能够适应全国气候和土壤条件种植的鲜食玉米领先品种，已成为国审品种。桂福园公司将牢记习近平总书记重托，发挥企业优势，开展关键核心技术攻关，促进种业融合发展，推动商业化育种体系升级，为实现国家种业科技自立自强作出贡献。

3. 案例使用说明

（1）教学用途与目的

a. 本案例适用课程：

适用于现代农业创新与乡村振兴战略等相关课程。

b. 本案例的教学目的：

通过对本案例的讨论和学习，使学生理解和掌握现代农业创新与乡村振兴战略等课程的理论，拓展和深化学生对种业振兴内容的认知，同时提出具体的学习目标。

（2）涉及知识点

本案例涉及粮食安全、产业振兴、种业振兴、产业融合等理论与知识点。

（3）分析框架

本案例分析框架的构建通过以下过程实现：一是研究文献，初步确定分析维度和角度；二是实地调研和访谈；三是通过讨论和修改形成完整分析框架；四是综合实地调研、文献查阅和其他案例分析，确定案例分析角度。

主要参考文献

［1］赵颖全，郁琼源，罗江，等．不断推动我国种业高质量发展［N］．新华每日电讯，2024-03-19（002）．

［2］汪邦坤，周钰．从"种子"到"牌子"农业提质增效有"三变"［N］．绵阳日报，2024-03-19（002）.

［3］罗炬，张昭，张蕙杰．中国种业科技对外合作策略分析［J］．中国农业科技导报，2020，22（09），1-10.

［4］张兴中，陈兆波，董文，等．中国种业科技创新的战略思考［J］．湖北农业科学，2011，50（24），5021-5024.

［5］本刊讯．农业农村部一号文件发布，涉及种业的内容有哪些［J］．中国种业，2024（03）：5.

［6］阳亮，马爱艳．红枣种植户社会化服务需求影响因素研究［J］．合作经济与科技，2023（12）：36-39．DOI：10.13665/j.cnki.hzjjykj.2023.12.028.

［7］梁若男．乡村振兴背景下产业兴旺的现实困境和优化路径［J］．现代化农业，2024（03）：65-67.

（执笔：杜雯雯、叶明琴）

▶▶▶ 抓特色立标准 打造特色农产品品牌 助力南宁乡村振兴

摘要： 南宁市借助农业资源优势，积极实施农产品品牌＋产业振兴战略，立足本地特色农产品，树立品牌，造就一系列享誉全国的南宁农产品品牌。南宁市还通过重组国有独资乡村振兴平台公司、制定农产品质量和品牌建设标准、加快农民合作社发展、促进农产品电商销售等各种手段提高南宁市的农产品品牌效益，探索出一条品牌＋产业振兴发展新路子，为乡村振兴实施提供可借鉴的样板与模式。

关键词： 南宁市，农产品品牌，乡村振兴

1. 案例依据

（1）案例背景

南宁市是广西主要产粮区、经济作物及畜牧业基地，农村产业体系比较完善。南宁市一直以农作物、畜牧、水产生产作为乡村振兴工作的重中之重。2022年，南宁市粮食产量为212万吨，位居广西壮族自治区首位。南宁市粮食产量占广西全区粮食总产量的15.26%。蔬菜

产量 72.9 亿公斤，水果产量 50.9 亿公斤，甘蔗产量 100.9 亿公斤，花生产量 1.4 亿公斤，木薯产量 1.9 亿公斤。南宁市大力发展生猪规模养殖业。2022 年，南宁市生猪出栏量为 460 万头，年末生猪存栏量为 276.78 万头。全年肉类产量 6.608 亿公斤，其中，猪肉产量 3.652 亿公斤，禽蛋产量 0.374 亿公斤，牛奶产量 0.085 亿公斤，水产品产量 2.423 亿公斤。全年社会木材采伐量 697.19 万立方米。在南宁市的红土壤上，八角、茉莉花、金银花、香芋、莲藕、大头菜、蚕丝等特色农产品的发展呈破竹之势，热带水果、设施渔业、蜂蜜、茶叶等传统产业如火如荼。

（2）研究对象

南宁市借助农业资源优势，积极实施农产品品牌 + 产业振兴战略。立足本地特色农产品，南宁市通过树立品牌概念，造就一系列享誉全国的南宁农产品品牌。南宁市共有"圣保堂"等驰名商标，"南宁香蕉""隆安香蕉""横县茉莉花茶""横县茉莉花""上林大米""上林八角""武鸣沃柑""马山黑山羊"等地理标志商标 11 个，南山白毛茶、古辣香米、黎塘莲藕、横县大头菜等地理标志保护产品 9 个，南宁香蕉、刘圩香芋、那楼淮山、武鸣砂糖桔、横县甜玉米、南宁火龙果等农产品地理标志产品 6 个，1 个国家地理标志产品保护示范区横县（现为横州市，种植南山白毛茶、茉莉花茶、大头菜），以及纳入自治区地理标志农产品保护工程项目 2 个。

（3）研究意义

南宁市借助农业资源优势，积极实施农产品品牌 + 产业振兴战略，通过重组国有独资乡村振兴平台公司、制定农产品质量和品牌建设标准、加快农民合作社发展、促进农产品电商销售等各种手段提高南宁市的农产品品牌效益，探索出一条品牌＋产业振兴发展新路子，为乡村振兴实施提供可借鉴的样板与模式。

2. 案例内容

（1）立足农业资源优势、实施品牌兴农战略

南宁市借助农业资源优势，积极实施农产品品牌＋产业振兴战略。在南宁的红土壤上，沃柑、八角、火龙果、茉莉花、金银花、香芋、莲藕、大头菜、蚕丝等特色农产品的发展呈破竹之势，热带水果、设施渔业、蜂蜜、茶叶等传统产业如火如荼。南宁沃柑、茉莉花、火龙果产业规模居全国之首。2022年南宁沃柑年产量高达150万吨，是全国沃柑种植栽培面积最大的市县区。南宁市下辖横州市年产茉莉花鲜花10.2万吨，茉莉花产量约占全国茉莉花总产量的80%以上，世界的60%以上，茉莉花种植面积达8333.3公顷。南宁火龙果产量40多万吨，占全国火龙果市场存量的20%。

立足本地特色农产品，南宁市通过树立品牌概念，造就一系列享誉全国的南宁农产品品牌。迄今，南宁市共有"圣保堂"等驰名商标，横县茉莉花茶、上林大米、上林八角、南宁香蕉（2件）、武鸣沃柑、马山黑山羊、隆安香蕉、良庆百香果、南晓鸡、横县甜玉米等地理标志商标11个，"黎雪""水云间""石乳""壮牛""石埠"等品牌荣膺广西壮族自治区著名商标称号；"威廉斯B6"香蕉浆出口日本，"武鸣沃柑"远销俄罗斯等地。

（2）多措并举增强农产品竞争力

南宁市通过重组国有独资乡村振兴平台公司、制定农产品质量和

品牌建设标准、加快农民合作社发展、促进农产品电商销售等各种手段，提高南宁市的农产品品牌效益。

为发挥国有独资平台公司在乡村振兴中的龙头作用，南宁乡村振兴集团整合了南宁市农、林、牧、渔业等农业资源、农业资产和农业投资资本，重组成立专注于乡村振兴事业的国有独资平台公司。该集团实施"邕农发+"战略，以现代农业为支撑，以科技为引领，充分发挥国有企业"强经济、强产业"主阵地作用，打造高效、有机和生态农业，在"邕"字号品牌上着力，推动南宁市现代农业多元化发展，助力南宁市乡村全面振兴。

制定农产品质量和品牌建设标准是推进乡村振兴的关键环节。为做好横州市茉莉花产业标准化品牌建设，南宁市市场监管局指导其通过建立和健全茉莉花产业全链条标准体系，使横州茉莉花产业品牌的打造有据可依，并发挥示范辐射带动作用，助力乡村振兴。南宁市市场监管局还积极鼓励花茶企业参与标准制定并使用先进的标准。至2022年，南宁市拥有22个农业标准化示范区，7个在建自治区级农业标准化示范区，4个美丽乡村标准化试点示范项目。

加强农民专业合作社培育力度。南宁市积极出台相关政策加快农民合作社发展。通过实施合作社能力提升建设、农机购置补贴等项目，不断发展壮大各类合作社。2022年南宁市安排400万元用作农民合作社能力建设补助资金，以开展市级示范社的评定监测、合作社经营负责人培训、新型经营主体培训等工作。截至2021年末，南宁市经登记注册的农民合作社有5785家，其中国家级农民合作社示范社5家，自治区级示范社45家。

为农产品找电商直播平台、带动相关产业的发展是增强农产品品牌竞争力的有效手段之一。2023年以来，南宁市优选出一批适合电商销售的农特产品，如横州市茉莉花、武鸣沃柑等，加强与电商主播团队、电商直播平台的对接，筛选出助力乡村振兴的优秀电商主播，以促进南宁市电商和农业产业的融合发展，助力南宁市乡村振兴。

（本专题案例所有一手数据资料均来自南宁市统计局、南宁新闻网。）

3. 案例使用说明

（1）教学用途与目的

a. 本案例适用课程：

适用于现代农业创新与乡村振兴战略等相关课程。

b. 本案例的教学目的：

通过对本案例的讨论和学习，使学生理解和掌握现代农业创新与乡村振兴战略等课程的理论，同时提出具体的学习目标。

（2）涉及知识点

本案例主要涉及实施乡村振兴战略的理论、农业农村发展的相关政策和理论探索。需要学生深刻学习、掌握乡村振兴、农村发展协调发展的方法论。

（3）分析框架

本案例分析框架的构建通过以下过程实现：一是研究文献，初步确定分析维度和角度；二是团队成员间讨论、修改；三是形成完整分析框架；四是确定案例分析角度。

主要参考文献

杨玲．横县茉莉花茶入选首批中欧地理标志协定保护名录［N］．南宁日报，2020-07-27．

（执笔：梁静真）

▶▶▶ 龙凤仙草：逐梦大健康产业"黄金赛道"

摘要： 在宏观政策引领下，生物科技产业正从重复研发向创新驱动转型。通过挖掘自然资源优势，将自然风物运用与生物高科技结合，广西龙凤仙草生物科技有限公司在大健康产业上取得突出成效。广西龙凤仙草生物科技有限公司以金谷乐苑中国九宫康养谷药食同源中药材为基础，多年来致力于广西道地药材种植、种子资源保护与深加工研发及技术成果转化，通过与有关科研机构、专业团队及当地高校紧密合作，在人才、资金、政策方面不断扩大优势，在此过程中不断提炼出系列专有技术。广西龙凤仙草生物科技有限公司秉承中华传统清、调、补、养方要，结合现代营养科学理论，在中药材微生物发酵、纳米提纯等生物技术方面取得突破性成果，形成系列专有技术，旗下健康产品得到了同行的广泛好评和消费者的喜爱。

关键词： 森林康养，大健康产业，休闲农业

1. 案例依据

（1）案例背景

近年来，国务院出台《"十四五"国家老龄事业发展和养老服务体系规划》及《关于发展银发经济增进老年人福祉的意见》相应政策，支持各地大力发展银发经济。广西具备壮大康养产业的基础和优势，不仅自然生态环境良好，医养健康资源丰富，还拥有一批国家级重大创新平台，初步形成了一批医养健康产业集聚地。《广西深入推进"壮美广西·长寿福地"康养产业发展三年行动方案（2023—2025年)》《关于加快大健康产业发展的若干意见》《广西大健康产业发展规划》《广西大健康老年旅游发展规划》等系列文件和专项规划，为广西康养产业发展提供了更加坚实的政策支撑，作出了更加具体的部署安排。各地各有关部门培育创建了一批森林康养基地、中医药特色医养结合示范基地、农业现代化示范区、现代农业产业园等康养产业示范工程和品牌标杆，进一步擦亮了"壮美广西·长寿福地"的金字招牌。

（2）研究对象

广西金谷乐苑森林康养基地——中国·九宫康养谷，由广西龙凤仙草生物科技有限公司打造，位于南宁国家经济技术开发区吴圩镇友谊路，毗邻良凤江国家森林公园和七彩森林公园，距市中心23公里，距吴圩国际机场10公里。金谷乐苑于2011年被批准为第一批全国休闲渔业示范基地；2013年被评为全国休闲农业与乡村旅游三星级示范园区，2015年上升为全国休闲农业与乡村旅游四星级示范园区及广西四星级乡村旅游区；2016年被评为广西休闲农业与乡村旅游示范点、广西最美休闲农业庄园；2018 年被评为广西四星级森林人家。基地占地约 2000 亩，背靠 10 万亩国有林地，农庄内有原生态的丘陵、泉水湖泊、百亩原生态茶园专利景观树等。广西金谷乐苑森林康养基地着力打造广西数字化养蜂基地，仿野生种植位列九大仙草之首的铁皮石斛、金线莲、三叶青、牛大力、灵芝等道地药材，并运用生物科技深加工研发斛神酱酒、会师 1928 酒，是一个集茶文化体验、民俗体验、酒庄体验、森林旅游、户外运动、生态农业观光、中医中药养生养老为一体的休闲农业综合景区。

（3）研究意义

森林康养是大健康产业最为有效的承载主体，发展森林康养产业是推行"健康中国"和"乡村振兴"战略，顺应新时代经济社会发展需求和新型经济健康生活发展趋势的重要举措。广西龙凤仙草生物科技有限公司打造的广西金谷乐苑森林康养基地——中国·九宫康养谷，依托森林康养基地的丰富资源，建成集茶酒文化与民俗体验、森林旅游、户外运动、生态农业观光、中医中药养生养老为一体的休闲农业综合景区，不仅促进了林业产业升级和转型，而且构建了以森林康养为基础的全产业链，形成产业相融共生的新业态，具有很大的经济效益和社会效益，是践行"两山"理念的生动范例，具有良好的借鉴作用和示范效果。

2. 案例内容

（1）发展生物高科技，创新研发健康产品

广西龙凤仙草生物科技有限公司与科研机构和专业团队紧密合作，

构建了一支由生物学科学家领衔，药学制剂、食品科学与工程等专业人员组成的博硕研发团队，通过对纳米提纯技术、微生物技术、发酵技术和生物科技的应用，结合药食同源中药材理论与传统固态法酿酒工艺，减少酒精对身体的伤害，成功研发出一款独特的养生酒——斛神酒。这款斛神酒的研发旨在让爱酒人士在品酒的同时，也能获得身体健康状态的明显改善。

此外，广西龙凤仙草生物科技有限公司还成功打造出了"抗幽蜜"、平衡液以及参苓纤维片等药食同源营养健康产品。这些产品在市场上同样取得了不俗的成绩，进一步证明了健康产品行业具有光明的前景。

（2）突出特色，开发森林康养产品

广西龙凤仙草生物科技有限公司立足森林康养资源优势，深入挖掘民族文化、长寿资源和民族医药资源，并将这些元素融入康养产品的研发中，使产品能够符合现代人对健康生活的追求，成功打造了一系列独具特色的森林康养产品，并独创了九宫康养体系，为游客提供了全新的健康体验。

在金谷乐苑内打造的"百果园"中，游客可以欣赏到杨桃园、杨梅园、枇杷园内各具特色的果树，并亲自采摘品尝美味的果实，与大自然亲密接触，感受森林的生机与活力。除了果园之外，公司还充分利用谷内高富锰富硒的水土地磁场资源优势，结合药食同源膳食调养，为游客提供7—28天的健康生活方式体验。在这里，浓郁的森林环境康养能减轻辐射对人体的不良影响。森林降温增湿、净化空气、固碳释氧等功能可以契合来自城市区域体验者的康养需求，使游客远离城

市的喧嚣和压力，享受大自然的宁静与和谐，通过科学的膳食搭配和合理的作息安排，改善身体状况，释放压力，改善睡眠。此外，公司还依托森林的丰富资源开展森林游憩活动，让游客在轻松愉悦的氛围中感受森林之美。游客可以在林间漫步、观赏野生动物、参与户外运动等，获得生理和心理上的愉悦与满足。

（3）创新融合模式，由森林旅游向森林康养转型

森林康养与医疗融合发展是未来的大趋势，医疗产业将为森林康养产业提供强有力的健康保证。广西金谷乐苑森林康养基地以生态养生为理念，突出和谐养生主题，谷内仿野生种植了位列九大仙草之首的铁皮石斛，有金线莲、三叶青、牛大力、灵芝等道地药材，结合森林康养建设，使游客可以品尝到使用石斛烹饪的"石斛宴"美食等药膳。同时，金谷乐苑还结合科普教育，在森林康养区域中打造多种类型的自然教育课堂，不仅能使森林康养者疗养身心，还能使其在康养区域中获得森林文化教育。谷内种类众多的植物和药材可为自然科普教育提供丰富多样的实地教材，让学生了解植物的生长习性、作用以及采摘技巧，在丰富森林康养活动的同时，大力普及、传播森林知识，达到了养生与教育的有机统一。

整个广西金谷乐苑森林康养基地——中国·九宫康养谷，通过色相的调和、位相的布局、景观的选择等，动、静相宜结合，将文化养生、环境养生、运动养生与禅修文化、草药文化、森林发展与环保养生等内涵深刻而有机地融合，打造集休闲娱乐与生态养生于一体的多元化康养生态中心。中国九宫康养谷还根据不同树种对人体的调养功能，规模化种植了银杏树、桂花树、桃树、柑橘树、红叶石楠树等树

种，还栽种有栀子花、月季花、杜鹃花、衣草、小菊花等花种，配合园内的树疗，达到进一步养生的功效。在森林康养发展过程中，中国·九宫康养谷有效整合资源，充分利用各类资金，如申请政府一般债券并用于森林康养基地发展和基础服务设施建设。

（4）"生态＋智慧养蜂"推动乡村振兴

广西自然条件得天独厚、生物资源丰富，是中国蜜蜂产业的重要基地。据统计，广西蜜蜂产业存量达到 120 万群蜂，年产蜂蜜高达 5.5 万吨，全国排名第四。

在这个背景下，广西龙凤仙草生物科技有限公司积极响应政府号召，致力于发展广西智慧蜂业项目，旨在通过数字化升级传统产业，推动山区生态养蜂快速发展。该项目覆盖了广西十四个地市，不仅有助于提升当地养蜂业的整体水平，还能有效结合乡村振兴与生态保护，实现经济效益和生态效益双赢。

智慧蜂业项目内容丰富，包括数字蜂箱、蜂场，智慧蜜库、蜜工厂，蜜蜂文化馆，蜂疗康养，蜜蜂学校等多个方面。数字蜂箱和蜂场的建立，使养蜂过程更加智能化、精准化，提高了蜜蜂养殖的效率和品质。智慧蜜库和蜜工厂则通过引入先进的生产设备和技术，实现了蜂蜜的标准化生产，提升了产品的附加值和市场竞争力。此外，蜜蜂文化馆的建设，为公众提供了一个了解蜜蜂文化、认识蜜蜂产业的重要窗口，有助于提升公众对蜜蜂产业的认知度和关注度。蜂疗康养项目则结合蜜蜂产品的保健功能，为消费者提供了一种全新的健康养生方式。而蜜蜂学校的建立，则为培养新一代养蜂人才提供了有力保障，推动了蜜蜂产业的可持续发展。

3. 案例使用说明

（1）教学用途与目的

a. 本案例适用课程：

适用于现代农业创新与乡村振兴战略等相关课程。

b. 本案例的教学目的：

通过对本案例的讨论和学习，使学生理解和掌握现代农业创新与乡村振兴战略等课程的理论，同时提出具体的学习目标。

（2）涉及知识点

本案例主要涉及乡村振兴战略、健康中国战略、双碳理论、新质生产力和农业农村现代化的相关政策和理论探索；同时涉及乡村发展、产业融合、生态农业、蜂产业等方面的科学与知识点。

（3）分析框架

本案例分析框架的构建通过以下过程实现：一是通过实地调研和访谈得到第一手资料；二是研究文献，初步确定分析维度和角度；三是团队成员间讨论、修改；四是形成完整分析框架，确定案例分析角度。

主要参考文献

[1]何明华. 我区按下康养产业发展"快进键"[N]. 广西日报，2023-8-10（09）. https://epaper.gxrb.com.cn/gxrb2/html/2023-08/10/content_1947261.htm.

[2]孔飞扬. 广西森林康养发展现状与对策[J]. 林业科技情报，

2022（1）：14-17.

［3］广西龙凤仙草　秉持工匠精神　逐梦大健康产业"黄金赛道"［N/OL］.搜狐网，2023-08-21.https://www.sohu.com/a/713633650_121398499.

［4］亲近广西金谷乐苑森林康养基地　共赴中国九宫康养谷康养之约［N/OL］.搜狐网，2023-03-01.https://www.sohu.com/a/647859131_121398522.

［5］整合全链　步步领先｜北京广西食品保健专家揭牌中国九宫康养谷［N/OL］.财讯网，2023-06-10.https://m.tech.china.com/hea/hea/20230610/202306101320391.html.

［6］龙凤仙草好运连连！金谷乐苑中国九宫康养谷2024新年祈福开启！［N/OL］.中国传播网，2024-01-06.http://www.chinachbo.com/a/view/13889.html.

［7］何明华，安忠芳.深耕康养胜地　绘就诗和远方——广西全力做大做优做强大健康产业［N］.广西日报，2023-12-08.http://www.gxzf.gov.cn/zzqzyxx/t17582386.shtml.

（执笔：赵霖豪、叶明琴）

第二部分

人才振兴案例

▶▶▶ 扎根县域，反哺桑梓——赖园园返乡创业之路

　　摘要：赖园园是融安县大将镇富乐村一名85后留学、返乡创业青年。她从电商销售、标准种植、品牌创建三个环节着手，帮助山区桔农破解金桔销售难、增收难的问题，让山区桔农跑出致富加速度，成为反哺桑梓的典范。她搭乘国家好政策的东风，借助农村电商快速发展的浪潮，依托家乡盛产的融安金桔，成立了广西融安"桔乡里"农业有限公司，创立了"桔乡里"电商品牌，通过一根小小的网线帮助乡亲们卖金桔。她把"数字农场"作为发力点，将数字化设备与管理模式引入金桔种植，并向全县推广，以新理念做大做强"融安金桔"产业，持续助力乡村振兴，为家乡做出更大贡献。赖园园已荣获全国农业劳动模范、全国十佳农民、全国脱贫攻坚先进个人、全国巾帼建功标兵、第四批全国农村创业创新优秀带头人等称号。

　　关键词：融安县，返乡创业，农村电商，金桔

1. 案例依据

（1）案例背景

创业创新是乡村产业振兴的重要动能，人才是创业创新的核心要素。近年来，农村创业创新环境不断改善，涌现了一批饱含乡土情怀、具有超前眼光、充满创业激情、富有奉献精神的农村创业创新带头人，成为引领乡村产业发展的重要力量。为激励各类人才返乡入乡创业创新，我国决定设立农村创业创新优秀带头人，以继续释放他们的创业创新热情。他们在广袤乡村大施所能、大展才华、大显身手，以敢为人先的精神，积极探索链条创业、融合创业、绿色创业、抱团创业、网络创业等新模式，不断丰富乡村经济业态，提升产业发展水平，带动更多农民就地就近就业创业。

（2）研究对象

赖园园是融安县大将镇富乐村一名85后留学、返乡创业青年。她从电商销售、标准种植、品牌创建三个环节着手，帮助山区桔农破解金桔销售难、增收难的问题，让山区桔农跑出致富加速度，成为反哺桑梓的典范。她搭乘国家好政策的东风，借助农村电商快速发展的浪潮，依托家乡盛产的融安金桔，成立了广西融安"桔乡里"农业有限公司，创立了"桔乡里"电商品牌，通过一根小小的网线帮助乡亲们卖金桔。赖园园已荣获全国农业劳动模范、全国十佳农民、全国脱贫攻坚先进个人、全国巾帼建功标兵、第四批全国农村创业创新优秀带头人等称号。

（3）研究意义

立足于以农村电商为特色的现代农产品销售模式和乡村振兴、精准扶贫的现状，结合农村电商产业应用与推广的总目标，发挥农村电商带动乡村经济的成果及人才培养和产业实践的多重优势，扬长避短，将以农村电商为特色的现代农产品销售优势，转化成国家乡村振兴战略和精准扶贫的产业化优势，探索出一条以农村电商为特色的现代农产品销售模式，助推乡村经济产业可持续绿色发展的新路子，为农村电商在现代农产品销售中的产业化应用提供可借鉴的新模式。

2. 案例内容

她生于大山，目睹过贫穷带来的无奈。海外留学后，又义无反顾回到家乡留在家乡；她曾是回乡创业的唯一一人，却凭一己之力带动500多贫困户脱贫增收；她把曾卖每公斤4元都没有人要的金桔身价翻了几倍，却依旧是个农民。

她就是赖园园。乡亲们视她为亲人，同伴们更视她为榜样。

在近日召开的全国脱贫攻坚总结表彰大会上，赖园园被授予"全国脱贫攻坚先进个人"荣誉称号。她虽然没有到现场，却依然激动万分。她说："我将以此次获奖作为新起点，努力促进融安金桔全产业链发展，为来之不易的脱贫成绩保驾护航，为乡村振兴全力以赴。"

（1）雁归创业圆梦想

"我的童年都是围绕金桔度过的。"回忆童年，赖园园感叹，金桔，这一被自己视为宝藏的水果，为自己的童年增加了不少欢乐，也留下了不少心酸的回忆："儿时全村20户人家的金桔借一辆车拉到镇上售卖，一斤3毛钱，几百斤的金桔最后只带来几百元的收入。"赖园园记忆里都是辛酸，眼里流出了无奈，这也更加坚定了她去得多远也要回来的决心。

2009 年赖园园远赴泰国留学，2011 年在一家大型物流公司工作。无论去到哪里，她的目的只有一个：充实自己后，回到家乡带领乡亲把金桔变成"致富果"。

2012 年，赖园园回到家乡过节，看到许多村民开始砍伐金桔树，"不能再等了！"她改变自己的计划，提前回到家乡。

2013 年，赖园园回到家乡，成为富乐村唯一"归巢"工作的年轻人。"我给金桔的定位就是如车厘子一样，好吃，价格不便宜的水果"。回到家乡后，赖园园开始成立合作社，在电商上寻求融安金桔发展的生机。为了保护金桔的市场价格，赖园园一直以高于市场的价格收购金桔。至此，家乡漫山遍野都是金黄色的果实，村民们也看到脱贫、致富的希望。

（2）群雁高飞头雁领

赖园园的回乡创业之路并非一帆风顺。面对道路不通、网络不畅、金桔知名度不高等问题，她只能来回寻找信号畅通之地，开着货车行驶在坑洼的道路上去市区发货。从种植到销售，虽然她一人当成三人使，金桔销售却依然平平。转机来自与顾客的一次沟通。"你们的金桔特别好吃，我下次怎么找到你们的金桔呢？"2015 年，网上客户的一句话让赖园园意识到，是时候该有自己的品牌了。就这样，赖园园带着自己仅有的几千元设计了"桔乡里"，创办了属于自己的品牌。她的电商销售额不断成倍增长。此后，赖园园的电商生意越做越大，村民们纷纷申请加入合作社。目前，合作社旗下拥有 66.67 公顷金桔绿色食品生产基地，年产金桔约 2000 吨，每到上市期，其合作社的金桔便供不应求。目前合作社有金桔专业种植户 35 户，其中以金桔产业实现脱贫的有 7 户。功夫不负有心人。赖园园走出了一条集金桔收购、销售为一体的特色农产品电子商务发展之路，也带领群众跑出了致富"加速度"。2017 年至 2019 年，团队实现销售额 7300 多万元，带动当时的 500 多贫困户脱贫增收。

"如今的生活水平提高了，很多年轻人不愿意再像父辈一样，做面朝黄土背朝天的农民，到时候金桔的产量也将成为问题。"为了让金桔产业长远发展，实现金桔果园机械化、数字化种植成为转型的关键。为此，去年年底，赖园园"试水"，自己先建设了 6.67 公顷的现代化数字化农场。

"我从来没有想过我会得到这项奖，我只是为了完成我的梦想。"她坦言，这项荣誉不仅属于她一个，也属于所有脱贫户，更属于千千万万和她一样在全国各地基层工作的人。"如果没有脱贫户和我一起努力，就没有今天的脱贫成果。"赖园园说。

3. 案例使用说明

（1）教学用途与目的

a. 本案例适用课程：

适用于现代农业创新与乡村振兴战略课程及相关课程。

b. 本案例的教学目的：

通过对本案例的讨论和学习，使学生理解和掌握现代农业创新与乡村振兴战略等课程的理论，拓展和深化学生对乡村振兴的认知，同时提出具体的学习目标。

（2）涉及知识点

本案例主要涉及乡村振兴、产业振兴等理论，同时涉及农业经济学、电子商务、园艺学方面的科学与知识点。

（3）分析框架

本案例分析框架的构建通过以下过程实现：一是研究文献，初步确定分析维度和角度；二是通过讨论和修改形成完整分析框架；三是结合文献和其他案例分析，确定各分析角度的水平层级。主题案例的核心包括问题、活动、素材和知识四部分，通过四个维度对案例进行分析评价，最终构建具体的分析角度和每个角度对应的水平层级。

主要参考文献

［1］谢永辉，罗洁芳. 小金桔点燃金希望［N］. 广西日报，2023-12-18（006）. DOI：10.28292/n.cnki.ngxrb.2023.007402.

［2］谢青夏，莫嘉凌. 她把家乡的金桔变成了"金蛋"——记全国劳动模范、全国脱贫攻坚先进个人、柳州市融安县"桔乡里"农业有限公司总经理赖园园［J］. 农家之友，2021（03）：48-51.

［3］林晓岚. "海归"赖园园的金桔产业梦［J］. 农村新技术，2020（10）：53.

［4］农业农村部办公厅关于推介第四批全国农村创业创新优秀带头人典型案例的通知. 中华人民共和国农业农村部公报，2021（02）：84-86.

（执笔：杨小淦）

▶▶▶ 宽城：新乡贤参与乡村治理　助推乡村振兴

摘要： 乡贤文化是中国传统文化的重要组成部分，蕴含着丰富的思想道德精华。它不仅是对中华文化的传承，更是中国式现代化的具体体现，体现了物质文化和精神文明相协调的发展理念。乡贤在历史上一直参与乡村治理，对乡村治理具有重要的地位和作用，尤其对于保障乡村稳定与繁荣功不可没。中央政府每年颁布的"一号文件"以及中央办公厅、国务院印发的《乡村振兴战略规划（2018-2022）》都提出，促进大学生、青年精英等返乡创业就业，是激活乡村振兴人才来源和发展渠道的重要措施。新乡贤们具有多元化的生活经历，他们身上镌刻着"离城"与"返乡"、"传统"与"现代"、"理性"与"感性"等多重元素，具有高尚的品德，能够有效地汇集人才力量，加速乡村振兴进程。

关键词： 乡村振兴，新乡贤，乡村治理

1. 案例依据

（1）案例背景

人才是第一资源。乡村振兴，人才为先，人才是乡村振兴的关键。

乡贤文化诞生于"尚贤""重能"的中华优秀传统文化中，新乡贤作为新时代乡村振兴的人才支撑生力军，是推进乡村振兴的重要力量。随着乡村振兴战略的不断推进，乡贤参与乡村治理的模式逐渐受到大家的关注，各地涌现出许多乡贤参与乡村振兴和基层社会治理的新实践和新案例。2015年以来，中央一号文件多次强调"乡贤文化"是乡村文明建设的重要内容。在乡村振兴的战略规划中，也强调要积极发挥乡村圣贤的作用。

（2）研究对象

河北省作为农业强省，在新乡贤助推乡村振兴方面进行了积极探索，成效明显。本案例选取河北省宽城作为分析对象，深入剖析新乡贤在乡村治理中的角色，梳理经验教训、分析存在问题、提出解决方案，为乡村振兴背景下的乡村治理实践提供理论依据和实际借鉴。

（3）研究意义

习近平总书记指出："要培育富有地方特色和时代精神的新乡贤文化，发挥其在乡村治理中的积极作用。"新乡贤参与乡村治理不仅是国家治理现代化在基层的新探索，更是加快实现共同富裕的有力实践。河南省宽城县在实施乡村振兴战略中探索出个人新乡贤引领、新乡贤理事会平台支持、村两委与新乡贤合作治理三种乡村治理模式，不仅破解了新形势下的基层社会治理困局，提升了乡村治理效能，有效促进了乡村的规范化治理，而且对促进乡村治理现代化具有重要的借鉴作用。

2.案例内容

（1）宽城新乡贤参与乡村治理的主要方式

改革开放以来，农村社会在经济发展和改善村民生活方面取得了一些成就。然而，农村人口的大规模流失导致了乡村治理主体的缺失。因此，乡村社会的发展不仅要依靠政府的支持和保障，还要依靠内生力量创造新的模式和方法。通过查阅有关河北省宽城新乡贤参与乡村治理的资料，发现新乡贤参与乡村治理的方式可归纳为三种不同的模式：个人新乡贤引领、新乡贤理事会平台支持、村委会与新乡贤合作治理。

①个人新乡贤为引领

宽城有一座保存较为完好的原始村落，名为张杖子村，至今仍有多座古祠堂和许多百年大树存在。在古代时期，这里还出过一些进士、举人和秀才，具备十分丰富的人文资源。然而，村民们在生产和生活中受到一些传统不良习惯的影响，导致该村长期存在柴草乱堆、垃圾遍地和气味难闻等问题。刘文生局长退休后返乡，发挥自己的余热，建设乡村。在村里，他带领一批新乡贤，以现有的古树、古屋和村民的优秀事迹为载体，实施"一户一业"的经营模式，发展传统文化体验和农产品制作等产业，打造具有特色的乡村风貌。

②依托新乡贤理事会平台

依托新乡贤理事会平台参与乡村治理，是乡村治理的一种有效途径。宽城依托新乡贤理事会，组建了"新乡贤义工队"，参与推进"三治融合"（即综治、民治、法治融合）的乡村治理体系建设。该义工队主要由优秀的新乡贤和乡村干部组成，利用理事会平台，通过定期召集各类会议与座谈会等形式，整合各方资源，广纳群言，制订并推进包含乡村治理与农村振兴在内的多项计划与项目，内容涵盖乡村公共设施建设、农村环境整顿、产业发展、文化传承等多个方面。该义工队的成立和运营，有效调动了新乡贤参与乡村治理的热情和积极性，实现了新乡贤与乡村干部的深度融合，为加强乡村治理、推进乡村振兴起到了积极的作用。

③村两委＋乡贤会合作治理

宽城在乡村治理方面探索了一种以基层党组织为核心的"村委＋新乡贤"模式。通过评选活动，表彰基层干部、致富带头人、孝德家庭等优秀典型，营造学、颂、用、当新乡贤的良好氛围，让群众在参与活动中不断受教育，自觉向新乡贤看齐，与文明为伍。借助乡贤组织的力量，设立乡风文明理事会，主要承担社区纠纷调解、乡村文明发展参与以及公共事务监管等任务。在此基础上，积极鼓动新乡贤参与捐赠资助教育以及美丽乡村建设等重要工作，发动他们捐资捐物，为乡村发展献智献策。这一乡村治理模式有助于发掘新乡贤在乡村治理中的潜能，推动乡村治理朝着现代化与民主化的方向发展。

（2）宽城新乡贤参与乡村治理的实践成效

①助力乡村产业振兴，打造特色板栗种植产业

乡村产业振兴是乡村振兴战略的基石，具有地方特色的产业体系能为乡村建设注入持续活力。习近平总书记在党的二十大报告中指出"加快建设农业强国，扎实推动乡村产业振兴"。为实现这一目标，需要提高农产品附加值，延伸产业链，关键在于农业基础要稳固，基层群众政治建设要得当。

新乡贤的知识与眼界比较开阔，能够洞察城乡资本差异化分布的原因，进而更好利用乡村板栗的产业基础，链接更多的板栗市场销售渠道。新乡贤倡导发展板栗产业，使村民实现增收致富。他们还利用互联网技术，拓宽板栗营销渠道，加速板栗深加工产业发展，通过采取"龙头企业＋合作社＋基地＋农户"的方式，增强板栗收储能力，实现板栗深加工产品全年不间断生产，即食板栗等产品产销两旺，促进栗农增收致富，助力乡村振兴。

②促进乡村人才振兴，开展人才"6+N"模式

在新乡贤的带领下，全力做好乡村振兴和农村人居环境改善工作，开展人才"6+N模式"智力惠农行动，建设6支专业人才队伍（党政人才队伍、农业技术人才队伍、医疗卫生人才队伍、教师人才队伍、文化人才队伍、法律人才队伍），努力实现人才资源的智力成果转化，促进农村各项社会事业发展，加快县域乡村振兴步伐。

"6+N"模式，统筹推进乡村振兴。首先，新乡贤凭借其文化资本、社会资本和经济资本等方面的优势，有能力积极配合地方政府人才政策，通过开设"乡贤会"公众号，开设抖音、快手、B站直播等，推广家乡，让更多人才主动选择"离城返乡"，为家乡乡村建设提供"正资产"。其次，在促进农村人才培养方面，新乡贤与普通村民相比具有更强的技能优势。通过举办农民夜校培训班、农村大讲堂等特色活动，新乡贤向农民传授知识技能、解读三农政策法规，以培养新型职业农民。

（3）新乡贤参与乡村治理的问题

新乡贤参与乡村治理的机制不健全。首先，由于自身缺乏明确的

角色定位、城乡人才循环机制不完善、乡村经济相对封闭等因素，新乡贤在参与乡村治理方面所取得的效果不尽如人意。新乡贤参与乡村治理的机制仍须进一步优化。目前，新乡贤参与乡村治理的方式过于随意，导致其在乡村治理方式上的榜样示范效果受限，同时也不利于其才能的展现和人才的回归。现阶段，新乡贤参与社会治理的能力受乡村政策的约束，同时针对新乡贤权益维护的措施也较为缺乏，这导致资金和产业难以形成健康循环发展的模式。此外，由于缺乏对新乡贤参与乡村治理的政策扶持，在乡村重大发展规划中，尤其在涉及土地、宅基地等政策性事项时，新乡贤很难发挥其"智囊团"作用。

新乡贤自身治理能力有待提升。相较于普通村民，新乡贤在视野和认识方面具有一定优势，然而他们的思维中仍存有小农思想。在获取权力后，他们容易产生满足感和虚荣感，继而利用权力为个人谋利。这在某种程度上可能会损害民主政治建设及侵犯村民权利。

（4）启示

新乡贤参与乡村治理是我国乡村历史和社会发展自然演进的结果。作为农业大国，农民是一个非常庞大的社会群体，但由于很多地方的农民处于封闭化和分散化的状态，不能较好地治理乡村。新乡贤的出场，为化解当前乡村治理危机提供了新的出路，也为乡村民主建设提供了新的模式，成为推动乡村建设和乡村振兴的动力。宽城在乡村社会的长期发展过程中，逐渐形成了"新乡贤个体引领"、"依托新乡贤理事会平台"和"村委＋新乡贤"的乡村治理方式。尽管这些途径存在差异，但它们有效解决了乡村社会面临的若干难题，积极促进了乡村社会的发展。主要表现在：助力乡村产业振兴，打造特色板栗种植产业；促进乡村人才振兴，开展人才"6+N"模式；参与乡村组织振兴，创建基层党建示范点。

以乡贤为切入点，通过梳理其参与农村治理的过程，能够更深刻地展现当代农村治理模式的内在机制，从而为推进农村善治提供一定的指导。乡贤参与农村治理，是农村社会公共事务协同共治的过程，它丰富了农村治理的主体结构，有利于实现公共利益的最大化，促进治理有效性的达成。

3. 案例使用说明

（1）教学用途与目的

a. 本案例适用课程：

适用于现代农业创新与乡村振兴战略等相关课程。

b. 本案例的教学目的：

通过对本案例的讨论和学习，使学生理解和掌握现代农业创新与乡村振兴战略等课程的理论，拓展和深化学生对乡村振兴的认知，同时提出具体的学习目标。

（2）涉及知识点

本案例主要涉及乡村发展、乡村建设、乡村治理等理论，同时涉及文化、经济等方面的科学与知识点。

（3）分析框架

本案例分析框架的构建通过以下过程实现：一是研究文献，初步确定分析维度和角度；二是通过讨论和修改形成完整分析框架；三是结合文献和其他案例分析，确定各分析角度的水平层级。主题案例的核心包括问题、活动、素材和知识四部分，通过四个维度对案例进行分析评价，最终构建具体的分析角度和每个角度对应的水平层级。

主要参考文献

[1]郎友兴，张品，肖可扬．新乡贤与农村治理的有效性——基于浙江省德清县洛舍镇东衡村的经验［J］．中共浙江省委党校学报，2017（4）：16-24．

[2]刘玉堂，李少多．论新乡贤在农村公共文化服务体系建设中的功能——基于农村公共文化服务供需现状［J］．理论月刊，2019（04）：125-131．

[3]殷雪，秦晓华．农村基层党组织推进乡村振兴：逻辑理路、现实困境与实践进路［J］．海南开放大学学报，2023，24（04），21-26，39．

[4]倪云豪．乡村振兴背景下新乡贤参与乡村治理问题研究［D］．南昌：江西农业大学，2022．

（执笔：陈迈、何新华）

▶▶▶ 平阴县安城镇："人才 +"雁阵格局助力乡村人才振兴

摘要：自党的十九大报告首次提出乡村振兴以来，乡村振兴一直是社会关注的热门议题，而后习近平总书记又将其分为产业、人才、文化、生态及组织振兴五个层面。人才是乡村振兴的关键，人才振兴是其他振兴的基础。本文以山东省平阴县安城镇为案例，重点分析其人才振兴策略，总结其发展现状及未来发展规划，以期为其他地区发展乡村人才振兴提供新思路。

关键词：乡村振兴，人才振兴，安城镇，雁阵格局

1. 案例依据 ◀◀◀

（1）案例背景

2017 年 10 月，党的十九大报告首次提出乡村振兴战略。2018 年两会期间，习近平总书记提出要推动乡村产业振兴、人才振兴、文化振兴、生态振兴和组织振兴。2021 年 2 月，中共中央办公厅、国务院办公厅印发了《关于加快推进乡村人才振兴的意见》，要求各地区各部门结合实际认真贯彻落实，该意见的实施极大促进了乡村人才振兴。2021 年 4 月，《中华人民共和国乡村振兴促进法》颁布实施，为全面实

施乡村振兴战略提供了强有力的法治保障。

人才振兴是乡村振兴的重要内容之一，也是乡村振兴的基础，其意义绝不仅限于乡村。它将助力我国更好适应百年未有之大变局，全面提升乡村内生发展动力，缩小城乡差距，推动我们加快建设中国特色社会主义现代化强国。自人才振兴意见实施以来，各地政府积极响应，根据各乡镇现状，采取不同措施推动人才振兴，其中，山东平阴县安城镇采取的措施值得我们学习与借鉴。

（2）研究对象

平阴县隶属济南市，是济南、泰安、聊城三市的交会点。安城镇地处平阴县东北部，东南与泰安市肥城市毗邻，西与东阿县隔黄河相望，东北与济南市长清区接壤，行政区域总面积 112.71 km^2。截至 2019 年末，安城镇户籍人口 41146 人。

平阴县委县政府始终坚持把乡村振兴作为新时代"三农"工作总抓手，抢抓黄河重大国家战略、济南市"西兴"战略机遇，发挥特色优势，统筹推进五大振兴，着力打造"三生三美"的乡村振兴平阴样板。

（3）研究意义

中共山东省平阴县安城镇委员会围绕乡村振兴战略总要求，以吸引并留住人才为目标，开展"以'人才 +'打造雁阵格局"系列活动，并获评 2022 中国乡村振兴人才论坛优秀案例，其实现人才振兴的路径具有示范作用和借鉴意义。

2.案例内容

平阴县安城镇立足东部产业新城定位，积极统筹各类资源，将发现、培育、使用人才作为乡村振兴的重点工程，激励人才在基层广阔天地大展身手，答好乡村振兴人才之问，为乡村振兴提供坚强人才保证。以人才为主导，配合党建、政策、服务、产业等四个方面，合力发展乡村人才振兴。

（1）人才＋党建，让头雁领航

安城镇注重基层党建和后备人才培养，建设乡村振兴领头人队伍，以期以强大的人才队伍促进振兴，以优秀的人才谋求乡村进一步发展。通过"头雁论坛"平台，村支书会议结合各村实际和特色，以乡村振兴为主题，从如何吸引人才、如何发展产业等方面入手，为其他村提供范例以供学习参考，其中所谓"头雁"指的便是村支书；设计"乡村振兴提示卡"，通过各种形式的卡片对各村干部政务、乡镇环境卫生不到位等情况作出提示或要求限期整改，压紧压实村级主体责任；同时，以"村党支部书记大比武"为契机，各村通过"秀肌肉"的方式展现各季度各乡镇"头雁"带领情况，借此对村干部进行考察与监督。

（2）人才＋政策，让鸿雁归来

近年来，安城镇制定《安城镇"雁归城兴"工程人才回引措施》，实施"雁归城兴"人才工程，大力开发乡土人才资源，不断充实乡土人才后备力量。

吸引在外人才返乡工作。安城镇实施"党员人才回乡计划"，建立完善在外人才数据库，加强与人才的联系，勾起在外人才发展家乡的决心并推动其返乡任职，参与家乡农村发展事务。截至2022年9月，结合村"两委"换届，已有22名中大专及以上学历人员进入村"两委"班子队伍。

寻求专业人才对点工作。安城镇本质属于乡镇，乡镇农耕文化深厚，较之外来人才，本土群众对家乡有更深厚的情谊，对当地的发展有更独到的理解，因此可聘请这类人才作为乡村顾问。同时，按照"因村派人、人尽其用"原则，在有余力的前提下，选派人员帮扶有潜力但目前缺乏带头人的村镇，助力各村均衡发展不掉队。

引进创业人才，达成人才与产业良性循环。产业的良好发展是吸引人才的一大关键，因此要开启"人才＋项目＋产业"引才模式。有潜力的产业可吸引在外工作的大学生和青年创业者返乡支持，甚至有在企业工作多年的人才考取乡村振兴专员资格，返乡创业，回馈家乡。截至2022年9月，安城镇共有各类人才20余人，涉及企业10余家，覆盖人才称号10余项。

（3）人才＋服务，让雏雁展翅

安城镇牢固树立服务意识，注重服务新加入的青年"雏雁"队伍。众所周知，吸引人才仅是人才振兴的基础，如何让人才留下，并对其进行培养并不是一件易事。安城镇实施"以老带新"的传统方法，由优秀、资深的村支书手把手带领年轻新人，采取"阶梯式"培养方法，形成"1年成形、2年成才、3年成骨干"培养模式。

对新晋骨干进行技能培训，通过开展多轮次、多样化培训课程，增强新晋村干部的党性修养与及技能水平；强化平台构建，营造"爱才惜才重才用才"的良好氛围，鼓励年轻干部外出交流，营造轻松氛围，让人才在总结交流中成长。安城镇围绕年轻干部特别是乡村振兴工作专员的递进培养，制定了《安城镇关于乡村振兴工作专员拔尖工程的实施方案》，通过组织专员每月读一本书、每季度作一次交流分享、每年进行一次擂台比武，锻造一支"能说、会写、实干、担当"的工作队伍。

强调统筹，做好分工。安城镇建立起镇党委统一领导，组织办牵头抓总，其余职能部门各司其职、密切配合的企业人才工作领导体系，按期定点召开人才交流会议，在过程中向企业宣传当地最新人才政策，同时帮助企业解决发展过程中的问题。

（4）人才＋产业，让群雁齐飞

安城镇尊重人才专业特长和性格特点，用其所长、避其所短，将产业发展和项目建设作为各类人才发挥作用的主战场。健全乡村本土人才使用机制，用好各村离退休老干部、退伍军人、大学毕业生、在外务工经商人员等人才力量，结合各村实际和产业特色，以发家致富为目标，针对当地特色发展相应产业，并引导各方人才发挥各自效能，达成良好生产效应，促进乡村振兴发展。

安城镇推行"党支部领办合作社"生产经营模式，在集体经济股份合作社上做文章，2022年注册"平阴双鲜"商标，留住时间锁住鲜，为地瓜、玉米等特色农产品开拓销路奠定了品牌基础。截至2022年，全镇44个村成立党支部领办合作社37家、党支部领办公司8家。有合作社注册了商标，进而形成了集科教娱乐于一体的新时代观光农业发展格局，为农业产业发展提出了新思路。

推进村企合作深入发展，发挥各村镇地理位置优势，与驻地企业开展合作，为村集体增收。2018年东毛铺村与山水集团合作，成立红色合作社，负责山水公司绿化养护、保洁及吊装工程，每年为村集体增收 40 万余元。贯彻落实"双招双赢"政策,在驻地企业获得利益的同时,给予企业优惠政策,达成共赢结果。

3. 案例使用说明

(1) 教学用途与目的

a. 本案例适用课程:

适用于现代农业创新与乡村振兴战略等相关课程。

b. 本案例的教学目的:

通过对本案例的讨论和学习,使学生理解和掌握现代农业创新与乡村振兴战略等课程的理论,拓展和深化学生对乡村振兴、人才振兴的认知,同时提出具体的学习目标。

(2) 涉及知识点

本案例主要涉及乡村振兴、人才振兴等理论,同时涉及农业经济学等方面的科学与知识点。

(3) 分析框架

本案例分析框架的构建通过以下过程实现:一是研究文献,初步确定分析维度和角度;二是通过讨论和修改形成完整分析框架;三是结合文献和其他案例分析,确定各分析角度的水平层级,实现定量分析。主题案例的核心包括问题、活动、素材和知识四部分,通过四个维度对案例进行分析评价,最终构建具体的分析角度和每个角度对应的水平层级。

主要参考文献

[1]党支部领办合作社　激活乡村振兴新动力[N/OL].澎湃新闻,2021-05-16.https://www.thepaper.cn/newsDetail_forward_12703149.

[2]冯经纬.乡村振兴看平阴:一村兴全域兴[N].济南日报,2023-09-28.https://news.e23.cn/jnnews/2023-09-28/2023092800212.html.

[3]郭晓鸣.把脉乡村振兴发展:理论解构、指数评估与规划策略——评《中国乡村振兴发展指数蓝皮书(2018)》[J].农村经济,2019(8):143-144.

[4]平阴县安城镇2023年上半年工作总结及下半年工作打算[EB/OL].平阴县人民政府,2023-07-13.http://www.pingyin.gov.cn/gongkai/site_pingyinxianaczal/channel_6389a42b375991828263903b/doc_64bf2d67e823d1ed76f067a5.html.

[5]识才+育才+用才实现人才与乡村振兴的"双向奔赴"[N/OL].掌上平阴,2023-09-10.https://baijiahao.baidu.com/s?id=1776633480808888842&wfr=spider&for=pc.

[6]王萌.平阴县安城镇:以"人才+"打造雁阵格局[N/OL].中国农网,2022-09-10.https://www.farmer.com.cn/2022/09/10/99899222.html.

[7]魏俊怡.乡村振兴看安城|强化党建引领,激活乡村振兴"新动能"[N/OL].大众网,2022-04-14.https://jinan.dzwww.com/qcxw/pyx/202204/t20220414_10099897.htm.

（执笔：包若煊、何新华）

第三部分

文化振兴案例

▶▶▶ 荷美覃塘：贵港覃塘区以荷为媒打造乡村旅游示范区

摘要： 近年来，贵港覃塘区荷美特色小镇立足莲藕产业种植示范优势及自然生态基础，充分挖掘荷莲文化与地域文化资源，整合各级各类资金，打造集自然科普、文化传播、特色产品加工、生态居住、特色乡村体验及旅游服务于一体的荷莲主题旅游小镇。该小镇整合各级各类资金，建成"荷美覃塘 湖美四季"田园综合体、藕像西街、那乡那田稻作文化旅游区、覃塘区乡村提升核心示范区以及游客接待中心、精品民宿、观光栈道、旅游步道等一批旅游基础设施，每年定期举办荷花节、壮家山歌对唱、荷主题宴席、舞狮等文旅活动，每年吸引游客约100万人次前往观光度假，年旅游产业总收入5亿元。建设荷美小镇有助于发展壮大荷莲特色产业，推动贵港市荷文化发展和促进农村剩余劳动力就业，提升小镇的人居环境，为乡村振兴注入新活力。

关键词： 旅游产业，贵港，特色小镇，荷文化，乡村振兴

1. 案例依据

（1）案例背景

2023年中央一号文件《中共中央国务院关于做好2023年全面推

进乡村振兴重点工作的意见》提出，培育乡村新产业新业态，实施文化产业赋能乡村振兴计划，实施乡村休闲旅游精品工程，推动乡村民宿提质升级。自 2014 年首届覃塘区荷花文化旅游节举办以来，荷美覃塘品牌影响力不断增强，被关注度越来越高，已成为该区对外展示的窗口、城市的符号、文化的标识，书写了荷文化与经济发展交相辉映、文化节庆与富民强区相得益彰的崭新篇章。

（2）研究对象

荷美特色小镇于 2019 年 12 月入选第二批广西特色小镇培育名单，其位于覃塘区内的姚山村、龙凤村，209 国道、贵隆高速公路和南广高铁穿境而过，距贵港市中心约 30 分钟车程，具有独特的区位优势和便利的交通地理条件。荷美覃塘处于大型水库平龙水库灌区，农业生态资源丰富，龙凤江在此蜿蜒而过，使这里土地肥沃、气候宜人、山清水秀、民风淳朴。荷美特色小镇是立足于基地内莲藕产业种植示范优势及自然生态基础，充分结合荷莲文化与地域文化，以三生融合、三产联系理念打造的集自然科普、文化传播、特色产品加工、生态居住、特色乡村体验及旅游服务于一体的荷莲主题旅游小镇。规划面积为 3.09 km^2，已建设有荷美覃塘湖美四季景区、荷美覃塘湖美四季田园综合体项目、荷美覃塘藕像西街项目、那乡那田旅游度假区、覃塘区乡村提升核心示范区建设项目。

（3）研究意义

自乡村振兴战略提出以来，我国陆续颁布了一系列支持乡村旅游发展的政策，乡村旅游不断规划和落实，乡村旅游进入发展的黄金期。

本文分析总结了覃塘区乡村旅游助推乡村振兴的基础条件和作用机制，展现了乡村旅游推动乡村振兴有关理论的覃塘路径，对于新时代背景下覃塘区乡村旅游乃至我国乡村旅游业的推进及研究具有积极的理论意义。

2. 案例内容

（1）"古郡新城文脉觉醒"——贵港市覃塘区推动古郡文旅建设

"北回归线，一枝又一枝荷花，开在时光的河流，开在古郡之上……"一首描写覃塘荷花的《古郡之莲》，清新脱俗，富含神秘意蕴，勾起无数游客穿越时空、探寻秦汉古郡的冲动。覃塘区所在的贵港市，素有"荷城"美誉，荷文化历史悠久。1974年，贵港市区二号汉墓出土的文物中，发现有炭化植物种子"莲子"，这表明贵港拥有2000多年的"荷史"。从贵港出土的其他文物中，也能见到诸多荷花花纹的建筑装饰物件，物证充分。当地学者表示，古岭南流传有"陆川猪，北流鱼，贵县莲藕，高州番薯""合浦的珍珠，贵县的藕粉"这样的民谚，可窥见贵港荷文化在历史上所产生的影响。秦朝桂林郡治在布山县。学者曹光哲表示，桂林郡是广西的第一个省级政权，布山是广西的第一个省会城市。"布山文化"是中原文化和骆越文化融合发展而形成的广西第一个区域文化，有罗泊湾汉墓出土的大批珍贵文物为证。布山古城就位于现今贵港市区。近年来，贵港市覃塘区委、区政府先后推动布山古郡文旅小镇和布山文化博物馆建设。布山古郡文旅小镇以传承"布山文化"为脉络，以覃塘"那"文化、水文化、壮族三月三文化等地方特色民俗文化为背景，从建筑风貌、环境景观、功能业态、节庆活动等方面综合展现布山文化体系的精髓。项目将史诗传说、信仰祈福、稻作农耕、铜鼓荷花、民俗歌圩等"布山文化"元素予以充分凝练和表现，并结合文化展示和旅游开发，打造集文化休闲、民俗体验、旅游观光、特色美食等功能于一体的大型综合性文化旅游区。

（2）贵港市覃塘区以荷花产业推动乡村振兴

近10年来，"荷美覃塘"持续举办荷花文化旅游节，围绕生态农业、休闲养生、文化传承的功能要求，以特色种养加工业和生态休闲观光为核心，以荷花为主题景点，配备多种娱乐设施，建成集旅游、度假、生态、产业、研学于一体的科技农业田园旅游综合体，先后被评为国家4A级旅游景区、广西生态旅游示范区。"荷美覃塘"景区运营公司有关负责人介绍，今年景区延续历年规模，观展面积3000亩，展出的荷花品种达300余种，包括大足红莲、巨无霸、笛女、朱衣使者等，令人大饱眼福。荷花文化旅游节持续3个月，将荷文化、美食文化、群众娱乐休闲以及旅游消费等有机结合，推出一系列参与面广、互动性强、雅俗共赏的群众文化和旅游消费活动。"荷美覃塘"是覃塘区发展生态旅游、推进生态文明建设的一个缩影。近年来，覃塘区践行"绿水青山就是金山银山"的理念，以全域旅游示范区创建为抓手，打造了多种旅游新载体，同时培育了多条具有桂风壮韵民族风情的乡村旅游示范带，形成了一批水美乡村民宿品牌和集聚区，是一个富有特色和活力的地方。"每年夏季荷花绽放期，举办系列文旅活动，会吸引全国各地的游客来赏花游玩，实现旅游收入上亿元。"覃塘区文化体育和旅游局有关负责人表示，发展旅游提升了当地乡村的村风村貌，农户还可以通过田地承租、景区劳务、特产售卖和民宿经营等增加收入，基本形成了以荷兴业、以荷富民的良好局面，有效推动了乡村振兴。

3. 案例使用说明

（1）教学用途与目的

a. 本案例适用课程：

适用于现代农业创新与乡村振兴战略等相关课程。

b. 本案例的教学目的：

通过对本案例的讨论和学习，使学生理解和掌握现代农业创新与乡村振兴战略等课程的理论，拓展和深化学生对产业振兴、文化振兴和绿色发展等内容的认知，同时提出具体的学习目标。

（2）涉及知识点

本案例主要涉及乡村振兴和绿色发展等理论和方法，同时涉及园艺学、农业经济学、旅游学、生态学等科学与知识点。

（3）分析框架

本案例分析框架的构建通过以下过程实现：一是研究文献，初步确定分析维度和角度；二是通过讨论和修改形成完整分析框架；三是结合文献和其他案例分析，确定各分析角度的水平层级。主题案例的核心包括问题、活动、素材和知识四部分，通过四个维度对案例进行分析评价，最终构建具体的分析角度和每个角度对应的水平层级。

主要参考文献

［1］杨五呷，熊素玲，杨丽韦，等．从生态养生视角分析旅游业的发展对策——以贵港市覃塘区"荷美覃塘"景区为例［J］．今日国土，2021（11）：30-33.

［2］杨五呷，熊素玲，杨丽韦．基于SWOT分析探讨旅游业的发展对策——以广西贵港覃塘龙凤村为例［J］．大众科技，2021，23（12），149-152.

［3］张红英．贵港市覃塘区乡村旅游助推乡村振兴实践路径研究［J］．广西师范大学，2023. DOI：10.27036/d.cnki.ggxsu.2022.000072.

［4］曹晗，黄晓宁．民族地区农村产业融合探析——以荷美覃塘景区为例［J］．乡村振兴，2021（09）：76-77.

［5］宾阳．广西壮族自治区贵港市覃塘区：古郡文脉长　新城荷飘香［N］．中国文化报，2023-09-04（004）. DOI：10.28144/n.cnki.ncwhb.2023.002423.

（执笔：杨小淦）

▶▶▶ 广西东兰县走好"红色＋绿色"革命老区 乡村振兴之路

摘要： 近年来，我国大力建设红色旅游结合绿色休闲旅游经典景区，利用红色＋绿色资源打造红色＋绿色景点，带动相关革命老区实现乡村振兴。广西河池市东兰县是全国著名的革命老区，也是全国绿色生态县和国家森林康养基地。东兰县因地制宜、着力打造康养旅游品牌，推进生态旅游景区建设。目前东兰县已建成国家AAAA级旅游景区、红色旅游经典景区，有助于东兰县革命老区巩固脱贫攻坚成果，全面推进乡村振兴平稳过渡。

关键词： 东兰县，乡村振兴，红色旅游，绿色发展

1. 案例依据

（1）案例背景

广西河池市东兰县辖区面积 2435 km^2，人口数量约 21.95 万人。东兰县是一个具有悠久革命传统和丰富红色资源的革命老区。1925 年 9 月，广西农民运动的先驱韦拔群在东兰县举办了广西最早的农民运动讲习所，传播马列主义，培育农民运动骨干。1929 年，邓小平、张云

逸、雷经天、韦拔群在广西百色举行起义。东兰县不仅是革命老区，还是全国绿色生态县、国家森林康养基地。东兰县森林面积达 19.319 万公顷，森林覆盖率达 84.31%。一直以来，广西政府积极支持革命老区发展，特别是近年来在支持革命老区打造红色＋绿色景点、推进乡村振兴方面，取得了明显成效。

（2）研究对象

东兰县牢记习近平总书记"要把红色资源利用好、把红色传统发扬好、把红色基因传承好"的嘱托，立足红色＋绿色的资源优势，坚持以红色文化为引擎，以青山绿水为底色，扎实推进红色甜源田园综合体建设，走出了以红色固本、红绿融合为鲜明特质、绿水青山与共同富裕相得益彰的革命老区发展振兴之路，实现红色资源、绿色产业、乡村旅游"三位一体"融合发展。

（3）研究意义

近年来，我国大力建设红色旅游结合绿色休闲旅游经典景区，利用红色＋绿色资源打造红色＋绿色景点，带动相关革命老区的乡村振兴。广西河池市东兰县是全国著名的革命老区，还是全国绿色生态县、国家森林康养基地。东兰县因地制宜、着力打造康养旅游品牌，推进生态旅游景区建设，探索出一条利用红色＋绿色资源打造红色＋绿色景点的乡村振兴路子，为革命老区乡村振兴实施提供可借鉴的样板与模式。

2. 案例内容

（1）发展红色文化旅游产业

广西东兰县是全国著名的革命老区，是广西农民运动的发祥地、右江革命根据地的腹心地，是邓小平、张云逸、韦拔群领导右江革命斗争、举行百色起义的策源地。东兰县境内有广西农民运动讲习所旧址列宁岩、红七军前敌委旧址魁星楼、东兰革命烈士陵园、韦拔群纪念馆、东兰县苏维埃政府旧址等革命旧址，韦国清上将故居等遗址共近50处。目前，东兰县所有红色景点全部免费对外开放。2010年，东兰烈士陵园、韦拔群纪念馆等5个景点被列入全国红色旅游经典景区第一批名录。

近年来，东兰县加大对红色资源的挖掘、开发和利用力度，使之成为广大干部群众汲取奋进力量的源头活水；将拔群干部学院、东兰烈士陵园、拔群纪念馆、红军村等8个"红绿相映"的党建引领红旅融合示范点打造成"红色教育基地"，吸引了900多家单位共8万余人到该县开展"打卡红色教育基地"活动；加快推进韦拔群纪念馆升级改造项目，谋划建设壮乡全民国防教育园、红七军军史馆、右江革命根据地纪念馆；全力打造全国知名红色文化教育基地和全国爱国主义教育示范县。

（2）发展绿色生态产业及绿色休闲旅游产业

东兰县不仅是革命老区，还是全国绿色生态县、国家森林康养基地。目前，东兰县森林面积达19.319万公顷，森林覆盖率达84.31%，位列河池市第一、广西第四。立足多年来积蓄的林业生态产业优势，东兰县大力推进油茶、核桃、板栗等林业生态产业发展，建成区、县、乡、村各级示范基地38个。在兰木乡、大同乡等7个乡镇重点发展优质油茶、阳光玫瑰葡萄和富硒稻谷等绿色生态产业。

为了利用绿色资源，东兰县建设康养旅游品牌，推进国家地质公园、红水河国家森林公园康养基地、坡豪湖国家湿地公园等生态旅游景区建设。国家地质公园位于东兰县内，主要有兰木化石群、兰木峰丛、江巴峰丛、弄台峰丛、泗孟田园残丘、天宝山洞穴、列宁岩洞穴、列宁岩北洞穴、板邑溶洞、兰木溶洞、新烟溶洞、坡锐天坑群等地质形态。红水河在河池东兰县境内流过115公里，其河岸两旁是美不胜收的百里画廊。坡豪湖国家湿地公园位于红水河河畔的东兰县长乐镇境内，公园的湖水晶莹如镜，周边峰峦叠翠，漫步湿地公园仿佛身处绿色生态画卷。东兰县积极推动条件成熟的景区申报国家4A级旅游景区，力争成功创建广西全域旅游示范区。

（3）红色甜源田园综合体建设

为突出红绿融合鲜明特色，东兰县委积极推进红色甜源田园综合体建设，首先成立了田园综合体工作领导小组，组建9个工作专班，建立田园综合体创建工作联席会议机制，定期组织18个建设单位共同研究解决困难问题、协同推动落实；然后基于全市田园综合体创建工作目标任务，结合实际出台《东兰县创建田园综合体五年行动方案（2021—2025年）》，进一步细化任务清单，全面推进落实；最后整合部门资金1000万元，吸引社会资金2亿元支持创建工作，基本完成各主体工程建设任务。2021年，红色甜源田园综合体园区产值达到2.3亿元，累计吸纳群众就业1.5万人次，帮助参与产业发展的脱贫户实现增收8000元。绿色生态叠加红色资源、特色民俗，让东兰旅游的金字品牌越擦越亮。2021年至2022年8月，东兰县累计接待游客466.4万人次，实现旅游消费总收入54.62亿元。

（本专题案例所有一手数据资料均来自东兰县人民政府网。）

3. 案例使用说明 ◄◄◄

（1）教学用途与目的

a．本案例适用课程：

适用于现代农业创新与乡村振兴战略等相关课程。

b．本案例的教学目的：

通过对本案例的讨论和学习，使学生理解和掌握现代农业创新与乡村振兴战略等课程的理论，同时提出具体的学习目标。

（2）涉及知识点

本案例主要涉及实施乡村振兴战略的理论、农业农村发展的相关政策和理论探索。需要掌握乡村振兴、农村发展协调发展的方法论。

（3）分析框架

本案例分析框架的构建通过以下过程实现：一是研究文献，初步确定分析维度和角度；二是团队成员间讨论、修改；三是形成完整分析框架；四是确定案例分析角度。

主要参考文献

［1］樊荣华．传承红色基因　感悟初心使命　勇担职责重任［N］．来宾日报，2019-09-27．

［2］广西壮族自治区财政厅．财政积极支持革命老区在乡村振兴新征程上闯新路［J］．中国财政，2022（19）：10-11．

［3］黄河畅．东兰："红色热土"孕育生机"五大品牌"助推扶贫［EB/OL］．广西新闻网，2016-12-02．http://www.gxnews.com.cn/staticp

ages/20161202/newgx58419577-5743785.shtml.

　　[4]石寅.校园品牌推广下的助农产品包装设计与创新路径研究[J].上海包装,2023(1):144-146.

（执笔：梁静真）

▶▶▶ 灵山县新圩镇萍塘村厚植文明沃土催开文明之花

摘要：灵山县新圩镇萍塘村是中国传统村落、国家森林乡村、国家 AAA 级旅游景区、中国历史文化名村、广西历史文化名村、广西文物保护单位、全区老革命区示范参观点、钦州市中共党史学习教育基地、灵山县爱国主义教育基地。近年来，该村坚持以党建为引领，做到坚持乡村塑形、坚持产业做实、坚持文化惠民、坚持文化铸魂四力齐发，全村上下联合作战，使文明新风劲吹大地、文明基因传承全村、文明之花绽放异彩。

关键词：文明新风，文化惠民，文明基因传承，党建引领

1. 案例依据

（1）案例背景

乡村是我国文化和生态的重要组成部分，但随着城市化进程的加快，乡村人口不断流失，乡村面临着一系列的问题。乡村振兴战略是国家为实现乡村全面振兴而实施的重要战略。乡风文明是乡村振兴的基础，也是乡村振兴的重要内容之一。本文将探讨乡风文明在乡村振兴中的作用以及如何推动乡风文明的传承和发展。

（2）研究对象

灵山县新圩镇萍塘村是中国传统村落、国家森林乡村、国家 AAA 级旅游景区、中国历史文化名村、广西历史文化名村、广西文物保护单位、全区老革命区示范参观点、钦州市中共党史学习教育基地、灵山县爱国主义教育基地。近年来，该村坚持以党建为引领，做到坚持乡村塑形、坚持产业做实、坚持文化惠民、坚持文化铸魂四力齐发，全村上下联合作战，使文明新风劲吹大地、文明基因传承全村、文明之花绽放异彩。

（3）研究意义

乡风文明建设是乡村振兴的重要一环，也是推动中国式现代化图卷在乡村展开的题中应有之义。乡风文明建设渗透到乡村振兴的各个方面，是乡村振兴的灵魂所在。灵山县新圩镇萍塘村深挖红色文化内涵，充分利用新时代文明实践站、农家书屋等平台，实施乡村塑形、文化惠民、乡风治理等举措，大力推进乡风文明建设，有效推进移风易俗，引导村民树立正确的价值观，倡导简约、文明的生活方式，为乡村振兴注入正能量，成效明显，具有良好的示范作用。

2. 案例内容 ◀◀◀

萍塘村位于灵山县城南，是中国历史文化名村、中国传统村落、中国革命老区村、国家 AAA 级旅游景区、广西壮族自治区文物保护单位、钦州市爱国主义教育基地。2022 年入选全区 40 个"壮美广西乡村振兴"年度特色案例，获评为"自治区乡风文明示范村""全区红白事文明劝导志愿服务试点村"，2023 年获评为"广西生态特色文化旅游示范村""自治区'扫黄打非'进基层示范点",2023年4月萍塘村农家书屋获评为"全国最美农家书屋"。

萍塘村红色资源丰富,是灵山县著名的革命根据地,曾为灵山的解放事业作出巨大贡献。近年来,该村深挖红色文化内涵,充分利用新时代文明实践站、萍塘革命史馆、志愿服务队、农家书屋等平台,通过教育引导、舆论宣传、文化熏陶、实践养成等方式推进移风易俗,涵养文明乡风,赋能乡村振兴。

(1)坚持乡村塑形,既要"好生活"又要"美生活"

"家门口就是一个花园,白天有鸟语花香,晚上有唯美夜景,生活环境很舒适。"萍塘村党支部书记邓忠奕介绍道。萍塘村秉持保护传统村落的历史、文化、社会、艺术价值的原则,在各级党委政府的有力部署下,编制了《灵山县新圩镇萍塘村邓家村村庄规划》,形成"一中心、五片区"基本结构规划体系,促进形成田、园、山、水、村完整有序相互交融。

走进萍塘村,行走在干净整洁的村庄道路上,穿梭于一栋栋外立面改造过的楼房间,随处可见垃圾分类四色桶、社会主义核心价值观等各类文明宣传标语,道路两旁墙壁上多彩墙画栩栩如生,目之所及全是碧水绿树,耳之所闻均乃欢声笑语。这一个个融入环境的乡村元素,让文明深入到每一个角落。行走在萍塘村,文明之花盛开在大街小巷,文明成果惠及千家万户。

(2)坚持文化惠民,既要"增厚度"又要"提温度"

萍塘村以满足广大群众对美好生活的需求为根本宗旨,以加强文化阵地建设为重要手段,以文化育民,以文化惠民,让乡村生活有"厚度"更有"温度",让村民在文化熏陶中提升文明修养,深化移风易俗。

萍塘村建成 1 个新时代文明实践站、1 个农家书屋、1 个儿童之家、1 个县级革命史馆,通过建强文化队伍,进村入户开展政策宣传和法律普及等宣传活动;建立志愿服务队 5 支,让"志愿红"遍布红白事劝导、邻里守望、清洁家园、乡村振兴等各个领域;积极开展"六好道德模范""星级文明户"等一系列创评活动,进一步深化农村精神文明建设。截止目前,全村共组织开展各类文明实践志愿服务活动 100 余场次,参与志愿者 2000 余人次,受益群众达 3000 余人次。

（3）坚持乡风治理,既要"聚合力"又要"添动力"

萍塘镇落实《广西治理农村移风易俗重点领域突出问题 加强乡风文明建设专项行动实施方案》,推进移风易俗,建设乡风文明。通过修订完善村规民约,完善"一约四会"制度,搭建起乡村基层治理的新格局,并因地制宜推行移风易俗"五个统一"工作法,统一操办规模、宴席标准、随礼上限、服务队伍、监督管理,重点整治大操大办、厚葬薄养等农村移风易俗重点领域突出问题,发现一起,劝导一起。

通过选优配强村"两委"班子,成立村民理事会,将环境卫生、村民自治等多个方面的内容纳入村规民约,倡行"婚事新办""丧事简办",动员村民积极参与村务事务管理和公益事业建设,激发村民自治活力,提升乡村治理效能。村党组织充分发挥党员先锋模范作用,深入各生产队召开动员会 40 余场次,带动群众由"要我干"变成"我要干",营造上下联动、人人参与的工作氛围。

新圩镇萍塘村坚持以社会主义核心价值观为引领,始终将移风易俗作为促进乡村振兴的重要抓手,大力推进文明乡风建设,破除陈规陋习，针对大操大办、铺张浪费等不良现象疏堵结合，不断提高乡村社会文明程度，以文明新风助推乡村振兴。

3. 案例使用说明

（1）教学用途与目的

a. 本案例适用课程

适用于现代农业创新与乡村振兴战略等相关课程。

b. 本案例的教学目的：

通过对本案例的讨论和学习，使学生理解和掌握现代农业创新与乡村振兴战略等课程的理论，拓展和深化学生对乡风文明、乡村治理、生态文明等内容的认知，同时提出具体的学习目标。

（2）涉及知识点

本案例主要涉及乡村振兴、乡村治理等理论，同时涉及乡村治理、旅游学、生态学方面的科学与知识点。

（3）分析框架

本案例分析框架的构建通过以下过程实现：一是研究文献，初步确定分析维度和角度；二是通过讨论和修改形成完整分析框架；三是结合文献和其他案例分析，确定各分析角度的水平层级。主题案例的核心包括问题、活动、素材和知识四部分，通过四个维度对案例进行分析评价，最终构建具体的分析角度和每个角度对应的水平层级。

主要参考文献

［1］李鹏钧，朱海，孙凤明.厚植红色文化　培强特色产业［N］.钦州日报，2022-11-10（003）.DOI：10.28639/n.cnki.nqzrb.2022.001814.

［2］孙凤明.灵山县萍塘村入选年度广西乡村振兴特色案例［N/OL］.广西新闻网，2022-10-11.https://baijiahao.baidu.com/s?id=1746396221238406602&wfr=spider&for=pc.

（执笔：杨小淦）

第四部分

生态振兴案例

▶▶▶ 全州县龙水镇：禾花鱼特色产业壮大村集体"钱袋子"

摘要：广西全州县龙水镇辛田村是传统良田区，生态环境好，土壤肥沃，排灌条件优良，是优质禾花鱼养殖区。近年来，龙水镇以龙水万穗稻渔综合种养示范区、聚龙生态园为核心，联合桥渡、同安、辛田、光田、长井等村形成禾花鱼养殖特色产业带，突出禾花鱼特色产业，实现村集体经济增收。龙水镇党委发挥"党支部+合作社+农户+政企"作用，打造龙水镇禾花鱼特色农业党建点，成立禾花鱼养殖"党群互助小组"，实行"一对一"结对帮扶，从育苗培育到禾花鱼销售实行全过程跟踪指导，推广"线上+线下"的销售模式，将禾花鱼养殖的经济效益前移，延长可盈利可销售期限，不断提高养殖户的积极性。龙水镇还积极引导党员建立禾花鱼养殖技术研发组、产业管理组、销售服务组，在严把禾花鱼质量、拓宽禾花鱼销路上下功夫，共推广乌鲤禾花鱼提纯复壮、"稻坑（沟）养鱼"、"稻—灯—鱼—菇"等养殖技术13项。目前，龙水万穗稻渔综合种养示范区已被列为国家级水产健康养殖示范场。

关键词：全州县，禾花鱼，综合种养，特色农业，经济增长

1. 案例依据

（1）案例背景

以习近平新时代中国特色社会主义思想为指导，贯彻落实习近平总书记关于树立大食物观重要讲话精神，以保障优质农渔产品安全有效供给为目标，优化种养结构布局，协调农业生产生态，推动科技创新引领，促进三产深度融合，稳步推进稻渔综合种养产业高质量发展，为保障粮食安全、推进乡村振兴、加快农业农村现代化提供有力支撑。

（2）研究对象

以广西全州县龙水镇稻渔综合种养典型生态循环农业发展案例为例，综合探讨全州县龙水镇辛田村在践行习近平总书记“绿水青山就是金山银山”两山理论中的丰富实践，为现代农业发展和乡村振兴战略实施提供重要参考。

（3）研究意义

立足广西全州县龙水镇资源禀赋和利用现状，将龙水镇禾花鱼资源优势转化成精准扶贫的产业优势，探索出一条全州龙水镇及广西农村可持续绿色发展新路子，为我国南部边疆地区发展与扶贫攻坚提供可借鉴的样板与模式。

2. 案例内容

辛田村位于全州县龙水镇中南部，在稻田里养殖禾花鱼是当地传统。鱼和稻的完美结合，凝聚着种田人的智慧。近年来，该村大力发展“鱼+稻”特色产业，在发展壮大村集体经济的同时带动农民增收致富。

（1）把好稻米品质"源头关"

辛田村采用桂林市农业科学研究中心优质水稻新品种——丹香优珍粮，米质符合部标优质一等品质标准，该批首次在辛田村种植的稻种全部以免费方式提供给农户试种，选取小竹自然村约 3 公顷稻田作为试验田，该试验田灌溉水源为山川河水。优质稻种和良好水质，为确保稻米安全优质奠定了良好基础。2021 年 10 月，首批试种的 3 公顷稻田产量超 1.5 万公斤。

（2）开启鱼稻共生"双赢关"

辛田村积极发展稻田下经济——传统禾花鱼养殖，在不增加耕地面积的情况下，实现"一水两用、一田多收"。2021 年 8 月，辛田村集体在小竹自然村 3 公顷试验田共计投放 850 kg 全州本地特色禾花鱼品种——乌鲤禾花鱼，采取"党支部 + 合作社 + 农户"的养殖模式，销售利润按照村集体与农户四六分成模式分配，尽可能让利于民，为更多群众拓宽增收渠道。在村集体禾花鱼养殖项目的带动下，当地村民养殖禾花鱼近 66.67 公顷，发挥了集体经济的示范带动作用。

（3）严控稻米生产"加工关"

为打响鱼稻米品牌，辛田村对稻谷的收割、加工、筛选、封装等一系列流程进行全过程跟踪，确保大米品质。一方面，坚持传统特色的鱼稻米生产模式，即采取按需碾米方式，在接到订单后即通知农户打谷碾米，尽量保证大米新鲜；另一方面，减少大米加工环节（如不对大米进行抛光等加工），最大程度保留鱼稻米营养价值。目前，辛田村大米加工厂正在积极推进建设当中，建成后将实现生产、加工、销售一条龙。

（4）扩大鱼稻销售"渠道关"

在全州县、龙水镇党委、政府的关心和帮助下，辛田村加大对"鱼＋稻"产业的宣传力度，全力扩大禾花鱼和鱼稻米的销售渠道。辛田村积极与当地商户对接，2021年投入的3公顷禾花鱼在短短20天内全部销售完毕，销售收入3.5万元，平均每亩增收700元。后盾单位在机关食堂进行宣传、试吃，并为职工开通鱼稻米订购渠道。同时借力线上平台，通过开通辛田村微信公众号、QQ、微信群等，发布大米销售信息，拓宽销售渠道。通过自治区交通运输厅、共青团广西区直机关工委开展的助力乡村振兴直播带货活动，对鱼稻米进行宣传推介、带货销售。据统计，2021年辛田村鱼稻米销售量超5000 kg，销售额近6万元。

龙水镇紧紧扭住"鱼＋稻"这个牛鼻子，进一步推进特色产业品牌化、规模化发展，积极打造"鱼稻共生"绿色产业发展格局，为农民增收、产业增效、乡村振兴助力添彩。

3. 案例使用说明

（1）教学用途与目的

a. 本案例适用课程：

适用于现代农业创新与乡村振兴战略等相关课程。

b. 本案例的教学目的：

通过对本案例的讨论和学习，使学生理解和掌握现代农业创新与乡村振兴战略等课程的理论，拓展和深化学生对乡村振兴、生态农业和绿色农业等内容的认知，同时提出具体的学习目标。

（2）涉及知识点

本案例主要涉及产业振兴、生态农业和绿色农业等理论，同时涉及生态学、水产学方面的科学与知识点。

（3）分析框架

本案例分析框架的构建通过以下过程实现：一是研究文献，初步确定分析维度和角度；二是通过讨论和修改形成完整分析框架；三是结合文献和其他案例分析，确定各分析角度的水平层级，实现定量分析。主题案例的核心包括问题、活动、素材和知识四部分，通过四个维度对案例进行分析评价，最终构建具体的分析角度和每个角度对应的水平层级。

主要参考文献

[1] 陈林. 全州县："无本"禾花鱼养殖 鼓了贫困户腰包壮了村集体经济 [N/OL]. 广西新闻网，2019-10-30. http://news.gxnews.com.cn/staticpages/20191030/newgx5db991a4-18999815.shtml.

[2] 李远兴. 全州县龙水镇：发展"鱼+稻"特色产业 为乡村振兴助力添彩 [N/OL]. 手机广西网，2022-12-11. https://v.gxnews.com.cn/a/20987807.

[3] 傅清龙，蒋海霞，蒋翔. 因地制宜谋创新 精准施策促发展 [N]. 广西日报，2023-11-13（008）. DOI: 10.28292/n.cnki.ngxrb.2023.006564.

（执笔：杨小淦）

▶▶▶ 菌草：造福世界人民的"幸福草"

　　摘要： 菌草是可作为食用菌、药用菌培养基质的草本植物，经过近四十年的发展，菌草技术已从"以草代木"栽培食药用菌拓展到饲料、肥料、生物质能源、材料、生态治理等领域的综合利用产业体系。随着菌草技术的推广，菌草产业相继被福建、陕西、贵州等地区列为重点发展的新兴产业，让一大批农民走上了脱贫致富之路，在不少老少边穷地区被誉为"致富草""幸福草"。菌草技术从2000年开始走出国门，20多年来，已在巴布亚新几内亚、斐济、南非等17个国家建立了示范基地，并传播到106个国家。菌草技术为发展中国家破解消除贫困、减少饥饿、利用可再生能源、促进就业和应对气候变化等发展难题，贡献了中国智慧，提供了中国方案，提升了中国对外援助的国际形象。

　　关键词： 菌草技术，食用菌，生态治理

1. 案例依据

（1）案例背景

贫困问题困扰着许多发展中国家，消除贫困是全球范围内的一项

艰巨任务。通过技术扶贫在贫困人口中培育内生动力，有助于最大限度地减少贫困的再次发生。中国实施的大规模扶贫开发取得了举世瞩目的成就，菌草技术便是中国在推进减贫脱贫过程中摸索出的一项成功实践。自问世以来，菌草技术先后被列为福建省科技兴农项目（1988 年）、国家星火计划重中之重项目（1991 年）、中国扶贫基金会技术扶贫计划首选项目（1995 年）以及闽宁对口扶贫协作项目（1997 年）等，不仅为福建省的食、药用菌产业发展和脱贫致富事业作出了重要贡献，而且在西北省份的扶贫工作中发挥了重要作用。

由于在消除贫困与促进可持续发展中的巨大潜能与普遍意义，菌草技术于 1994 年入选南南合作项目，被联合国开发计划署（UNDP）列为"中国与其他发展中国家优先合作项目"。1995 年，中国对外贸易经济合作部将该技术列为援助发展中国家技术培训项目，中国国际经济技术交流中心与 UNDP 一起批准成立了亚太地区食用菌培训中心。2017 年，中国常驻联合国代表团与联合国经济和社会事务部（UNDESA）共同启动中国—联合国和平与发展基金菌草技术项目。为促进中国援莱索托菌草项目可持续发展，中莱菌草技术示范基地为世界粮食计划署（WFP）、世界宣明会（WV）等培训官员、技术人员以及农户，并帮助 WFP 在莱索托建立菌草平菇项目示范点。与此同时，菌草技术援外是南南合作框架下发展中国家互帮互助的典范。中国在特定国家援建的菌草基地还会带动这一新技术在周边地区的推广。

（2）研究对象

上世纪八十年代，林占熺团队利用菌草代替树木栽培食用菌，发明了中国特有的"以草代木"菌草技术。菌草技术顺应自然规律，既能保护生态环境又能实现经济效益，扬长避短、因地制宜，稳妥地推动菌草产业高质量发展，让菌草成为造福百姓的幸福草。

（3）研究意义

菌草技术以草代木栽培食、药用菌，成本低、操作简单且环保。菌草的种植将带动食、药用菌的栽培和加工，也将促进畜牧业的发展和畜牧饲料的生产，在"菌草—菌物—畜禽养殖"三者之间形成了多次循环转化和综合利用。在经济层面，有利于增加菇农的收入，促进扶贫开发；在社会层面，有利于提高民众的营养水平，增加社会就业；在生态层面，有利于减少森林的过度砍伐，治理水土流失。对世界各国特别是发展中国家而言，菌草技术具有质量高、门槛低的特点，为消除贫困和饥饿、促进粮食安全、确保和增加就业、利用可再生资源、应对气候变化和保护生态环境等提供了一条可持续发展之路。

2. 案例内容

菌草技术改变了传统的用木材生产食用菌的方式，采用各种野草、农作物秸秆"以草代木"栽培菌类。经济效益和社会生态效益良好，为当地农村人口实现可持续增收致富开辟了全新的道路。菌草技术是由我国科研人员发明的生物新技术，是"高水平农业科技自立自强"的写照，一直以来得到了当地政府的重点关注和政策支持。该技术曾被列入福建科技兴农计划，被原国家科委（现为科学技术部）列入"八五"计划。

（1）因地制宜形成在地实践

菌草技术诞生于中国福建，但中国专家组从未将福建的菌草技术应用视为最佳实践，而是注重因地制宜形成在地实践。事实上，由于宁夏与福建的气候条件大不相同，早在闽宁对口扶贫协作项目中便涉及菌草技术在地化问题，为此，福建专家组驻村工作，攻克菌草技术在宁夏应用中的诸多难题，最终取得卓越成效。

在菌草技术援外过程中，中国与东道国的气候条件不同，不同东道国之间的气候条件也不同，源自中国的菌草技术只有在地化才能适应东道国。因此，中国菌草技术援外并不主张东道国完全复制中国做法，而是结合东道国的气候条件进行二次创新。例如，巴新东高地省水资源匮乏，白天气温可能高达 50℃，晚上则降至 6—7℃，中国援巴新专家组通过遮荫覆土的方法，克服了菌草技术在当地水土不服的现象。针对斐济高温，中国援斐济专家组利用冷藏室作为菇棚，成功培育出耐热菌种，打造了斐济专属菌草项目。在水土流失严重的卢旺达，中国援卢旺达专家组设计了一种将菌草与果树、玉米、豆类等当地传统作物套种的模式，取得了良好的水土保持效果。与此同时，中国菌草技术在不同东道国的推广还涉及复杂的政治、经济和社会文化因素，需要更高水平的在地化。

（2）生态环境综合治理

菌草技术创新中经历过三次重要实验，最早在闽宁镇用于栽培食用菌并在宁夏中部治理荒漠，后来在西藏林芝地区治理流沙，又在尼罗河治理水土流失。

生态脆弱是制约宁夏经济发展的瓶颈。为此，研究人员在利用作物秸秆栽培食用菌的同时，在干旱荒漠地上试种菌草。1998 年 10 月，福建农业大学向省政府提交《关于赴宁夏开展小流域生态环境综合治理情况汇报》，建议发挥学校科技优势，利用包括菌草技术在内的多项技术，在宁夏实施小流域生态环境综合治理。菌草技术扶贫项目在宁夏落地生根，从试验示范到建示范基地再到8个贫困县大面积推广。经过14年的持续不懈努力，项目在宁夏等地的干旱荒漠地、盐碱地种植菌草不断取得新的突破，也为黄河流域荒漠化治理和菌草业的发展提供了一种高效、优质、生态、安全，并且能使生态、经济、社会三大效益紧密结合的新模式。

2011年7月，科技部与西藏决定把发展菌草业列为福建科技援藏项目。当年8月在西藏林芝地区开展的菌草治理流沙试验就取得了突破性进展。2012年，在长汀、连城开展种植菌草治理水土流失中的顽症"崩岗"试验示范，3个月即见成效。

2013年4月，林占熺团队在内蒙古阿拉善盟八音木仁苏木查汉套海开展菌草治沙试验。这一地区位于黄河西岸乌兰布和沙漠东缘，是我国四大沙尘暴发源地之一。在初期40多天内，经历了7场八级以上风沙的"浩劫"，菌草最终顽强生存下来，在茫茫的沙漠上长出一片绿洲。8月24日专家组现场查定菌草种植100天就把沙地固定，每株巨菌草固沙面积达12—15 m^2。

卢旺达位于尼罗河源头，水土流失严重。2011年开始，以林占熺为首的专家组在卢旺达开展了菌草治理水土流失试验示范。中方专家专门设计了菌草同果树、玉米和大豆等当地传统作物间作、套种模式，以保持水土。试验结果表明：与当地种植玉米相比，种植菌草可减少土壤流失量97%以上，减少水流失量80%以上。如今，菌草生态治理已被卢旺达列为国家水土流失治理的重点项目。

多年的试验结果证明，菌草的根量大，网络土壤的效果好，蓄水保土能力强，能够有效保持水土，并提高土壤的肥力，改善生态环境。

（3）促进农民脱贫致富

发展产业是实现贫困人口稳定脱贫的重要途径和长久之策。自脱贫攻坚战打响以来，中国各省因地制宜发展菌草种植，并在种植菌草的基础上延伸产业链，依靠种植、加工、养殖、食用菌栽培为一体的产业链，帮助当地群众脱贫致富，赢得了打赢脱贫攻坚战的良好成效。

"小小一株草，情接万里长"，以菌草为代表的中非农业交流合作项目兼具经济和生态效益，为广大非洲国家带去了解决粮食和贫困问题、实现可持续发展的希望。目前，这些"中国草"已在南非、卢旺达、肯尼亚、尼日利亚、坦桑尼亚、莱索托等非洲国家落地，成为当地民众的致富草。有的农户专门售卖新鲜和干燥的蘑菇以及蘑菇粉、蘑菇馅的油炸小吃等；有的农户培育出菌草菇，为当地的酒店、餐厅、集市等供货，利用废弃菌糟制作生物炭；有的农户从事菌袋生产、菌菇种植以及相关技术培训，带领周边农户共同致富。

（4）合作共赢，消除贫困

中国菌草援外团队提出"四结合"与"五化"的措施。"四结合"即项目实施要注重与当地的自然条件、群众、政府以及社会需求相结合；"五化"即技术本土化、人员组织化、方法简便化、生产标准化、产业系统化。为促进菌草技术在异国他乡发挥实效，中国菌草援外团队还创建了"示范中心＋旗舰点＋个体农户"模式。示范中心是展示菌草技术的窗口，具有生产、示范、培训等功能；旗舰点是小型的菌草产业园，具有投入资金大、辐射面广、产业化经营等特点；个体农户则是菌草技术最为主要的用户和受益人，在技术培训之后从事菌草种植和菌菇生产。此外，中国援外菌草基地依据东道国实际情况开展产前技术培训、产中技术指导、产后销售服务，让当地农户切切实实通过菌菇生产增加收入。

中非菌草交流合作已有近30年时间，探索出多种合作形式。例如，举办菌草技术培训，为非洲国家培养菌草专业本土化人才；建设菌草技术示范基地和示范中心，长期派遣专家开展技术本土化推广工作；与联合国有关部门合作召开系列研讨会，为非洲各国交流菌草产业发展经验打造平台。

中国在菌草技术领域援助斐济项目主要包括两部分——技术合作与援建技术示范中心。援斐济菌草技术合作目前已开展两期，一期技术合作成功进行了8个食药用菌品种的示范生产，结束了斐济不能生产食药用菌的历史。二期技术合作于2017年12月启动，为期3年。援助内容包括派遣11名技术专家在斐济开展技术援助工作，在一期基础上扩大菌草示范种植，生产食药用菌，举办菌草技术培训班等，帮助斐济建立菌草产业。菌草技术示范中心项目包括建设菌草加工车间、实验室、培训教室、学员宿舍等设施，建筑面积约3100 m^2，苗圃面积约2万平方米。中国援助斐济菌草技术合作项目对斐济增加就业、发展农村经济、消除贫困具有重要意义。

3. 案例使用说明

（1）教学用途与目的

a. 本案例适用课程：

适用于现代农业创新与乡村振兴战略等相关课程。

b．本案例的教学目的：

通过对本案例的讨论和学习，使学生理解和掌握现代农业创新与科技强国、技术援助战略等课程的理论，同时提出具体的学习目标。

（2）涉及知识点

本案例主要涉及习近平总书记"共同富裕"、"农业技术推广"理论、国家乡村振兴和农业农村现代化、中国对外援助的相关政策和理论探索；同时涉及乡村发展、国际发展合作方面的科学与知识点。尤其需要学生深刻学习、掌握新时代中国特色社会主义思想指导下的共同富裕、乡村振兴和乡村建设的方法论。

（3）分析框架

本案例分析框架的构建通过以下过程实现：一是研究文献，初步确定分析维度和角度；二是团队成员间讨论、修改；三是形成完整分析框架；四是确定案例分析角度。

主要参考文献

［1］符超．让菌草成为造福百姓的幸福草［J］．绿色中国，2023（19）：60-61．

［2］朱姿伊，金兼斌．创新农业科技推广模式：科学资本视角下科技特派员制度解析——以南平市菌草业的科技特派员实践为例［J］．科普研究，2023，18（06），60-69，97-98．

［3］王翠梅．共生式国际发展合作新范式下的中国对外技术援助——以菌草技术援外为例［J］．国际经济合作，2024（01）：59-

72，87-88.

　　[4]孙晓梅，李建宁，陈玲.小小菌草为世界根植"幸福密码"[N].银川日报，2023-07-24（001）.

　　[5]孙晓梅，李建宁，陈玲.菌草在宁夏，为世界准备了一份礼物[N].银川日报，2023-07-19（002）.

　　[6]林清智.让菌草成为造福全人类的"幸福草"[N].福建日报，2021-09-03（002）.

　　[7]陈郁.对话"菌草之父"林占熺[N].宁夏日报，2022-10-17（008）.

　　[8]郑璜."菌草之父"林占熺[N].福建日报，2022-09-10（001）.

（执笔：盛立洁、叶明琴）

▶▶▶ 水系连通及水美乡村建设工程助力苍梧县乡村振兴

摘要： 苍梧县水系连通及水美乡村建设工程通过对局部淤积严重的河段进行拓宽清障，加大河道的过流能力，有利于河道中污水顺畅排走，有利于河流水质改善；可稳固河流边坡，使目前存在的河岸被冲刷、侵蚀的险情得以有效清除，减轻了水土流失；还可美化河流沿岸的环境、减少地面污染进入河道。总之，苍梧县水系连通及水美乡村建设工程提高了整治河段的行洪能力和抗灾能力，为苍梧县经济社会发展以及人民群众生命财产安全提供安全保障，起到美化乡村环境、助力苍梧县乡村振兴的作用。

关键词： 苍梧县，水系连通，河道整治，乡村振兴，美丽乡村建设

1. 案例依据

（1）案例背景

苍梧县位于梧州市北部，东毗广东省封开县，西邻梧州市藤县、贺州市昭平县，南连梧州市万秀区、长洲区、龙圩区，北与贺州市八步区交界，县人民政府驻石桥镇距梧州市区 65 公里。过去，在汛期暴

雨时，苍梧县内六堡河沿岸山区坡降陡，地表径流汇流迅速，河道洪水暴涨暴落，河道淤积、行洪受阻，致使沿河两岸冲刷严重；洪水淹没农田、冲毁沿河建筑物，加剧了洪涝灾害。根据广西壮族自治区水利厅下达的《广西自治区流域面积200—3000平方公里中小河流治理项目备案表》的投资计划，苍梧县水系连通及水美乡村建设工程已列入2017年中小河流薄弱环节实施项目。该工程主要治理六堡河塘平村河段、古舜支流、塘冲支流河道两岸，可提高整治河段行洪能力，有效提高抗灾能力，从而保障人民群众生命财产安全，起到美化乡村环境，助力苍梧县乡村振兴的作用。

（2）研究对象

河道水网为经济社会的繁荣与发展提供了得天独厚的基础和条件，推动着社会文明发展。河道整治是集水利、农业、环保等多功能为一体的综合性社会公益项目，事关可持续发展的大局，因此开展苍梧县六堡河河道整治具有一定的重要性。苍梧县六堡河河段蜿蜒曲折，河道走势平缓，但局部凹岸河段受水流侵蚀严重，导致岸坡崩塌。苍梧县水系连通及水美乡村建设工程对部分岸坡进行重点防护，保护岸坡稳定，防止河岸进一步崩塌，并对其它河段采取一定的工程措施以稳固河岸；同时结合当地居民生活生产需求，贯彻"水美乡村"建设理念，在塘平村核心居住区设置配套景观建筑物，起到美化乡村环境的作用。

（3）研究意义

苍梧县水系连通及水美乡村建设工程对保证人民群众的生命和财

产安全、保障民族团结和社会稳定、促进当地社会经济快速发展、改善居住环境具有重要意义，可探索出一条广西美丽乡村建设发展新路子，为广西区域发展与乡村振兴实施提供可借鉴的样板与模式。

2. 案例内容

（1）苍梧县六堡河河段的水土保持治理

苍梧县六堡河流域属南亚热带季风气候区，雨量充沛，光照充足，气候温和。气候特点是春季低湿阴雨；夏季高温湿热，雨量集中；秋季雨量稀少、季风盛行，台风多发；冬季干燥有霜冻，雨量较少。该流域多发生灾害性天气，其中水、旱灾频繁。汛期暴雨时，山区流域坡降陡，地表径流汇流迅速，河道洪水暴涨暴落，流速快，加之河道淤积、狭窄，行洪受阻，致使沿河两岸冲刷严重、农田被淹没、沿河建筑物被冲毁，加剧了洪涝灾害。

2021年9月，苍梧县水利工程管理站组织相关水文、勘测专业设计人员对六堡河河段进行了历史洪水调查，通过洪水痕迹识别、走访当地群众等方式测量洪水痕迹高程。为了防治水土流失，苍梧县水利林业部门进行退耕还林及小流域水土保护综合治理措施，在沿江坡耕地上种植农作物、对六堡河进行分段治理等。水土保持的主要措施有植物措施和工程措施。植物措施是在水土流失区植树种竹种草，增加地面植被覆盖，使其有效涵养水源，减少地面径流，减少雨滴直接撞击土壤，以达到减少水土流失的目的。工程措施主要用于坡耕地改造和基础设施建设。通过人为的措施把土壤拦蓄起以达到保土保水的目的。目前，苍梧县六堡河河段水土保持措施已取得一定成效。

（2）苍梧县六堡河河道防洪综合治理

河道水网为经济社会的繁荣与发展提供了得天独厚的基础和条件，推动着社会文明发展。河道整治是集水利、农业、环保等多功能为一体的综合性社会公益项目，事关可持续发展的大局。由于六堡河两岸民房、农田及耕地地势相对较低，大部分未完善的排水系统及防洪治涝工程设施在遇到暴雨或洪水造成的山洪时引起洪水暴涨暴落，使农田、耕地每年出现不同程度的淹没或受到冲刷，已造成不少田地水土流失。受2019年"6·26"大洪水的影响，部分已建防护岸坡局部已被冲毁，大部分基础已被洪水掏空，天然岸坡冲刷严重，多处河段岸坡崩塌呈陡坎状，房屋被冲毁等安全隐患严重威胁人民的生命财产安全。因此，为适应经济快速发展的要求，改善生存环境，为保护村庄、农田及耕地，保障人民群众生命和财产安全，应对该河流段进行排水防洪综合治理。

苍梧县水系连通及水美乡村建设工程治理河段总长 8.128 km，护岸防护长度 6.229 km，其中塘平河段左岸段总长 1.136 km、右岸段总长 1.3 km；古舜河段左岸段总长 1.382 km、右岸段总长 1.324 km；塘冲河段左岸段总长 0.496 km、右岸段总长 0.591 km。修复被毁堰坝可完善周边原有的灌溉系统，提高周边农作物的产量；修复被毁桥梁可完善区域交通需要，保障周围村民出行的便利。通过河道治理，将有效提高苍梧县六堡镇塘平村、大朗组、古舜、寨坪、塘冲等村屯沿岸防洪能力，保护沿岸地区人民生命财产、耕地和国家交通干线安全，不仅将极大程度地减少洪灾损失，同时也将有效避免洪水灾害造成社会稳定问题，消除洪涝灾害给人们造成的恐惧心理和不安情绪，也可使各级政府从严峻的防洪防涝形势中解放出来，集中精力发展经济。可见，苍梧县河道综合治理为促进社会稳定，改善投资环境，推动社会、经济、环境可持续发展起到巨大的推动作用，带来良好的社会效益。

（3）苍梧县六堡河沿岸水美乡村建设

苍梧县水系连通及水美乡村建设工程多措并举，通过岸坡整治、清淤疏浚、水土涵养、河湖管护等，把水生态文明建设与乡村建设紧密结合起来，实现"河畅、安全，水清、景美，宜居、活力"的目标，是实现农业强、农村美、农民富的乡村全面振兴的需要，也是加快建设与农业农村现代化相适应的农村水利现代化的需要。该工程结合当地居民生活生产需求，贯彻"水美乡村"建设理念，在塘平村等核心居住区设置配套景观建筑物。治理河段护岸采用 C15 埋石砼护脚＋景观叠石型式。已建挡墙护岸河段在挡墙迎水面做景观叠石，在挡墙顶部种植垂吊植物，或在已建挡墙墙脚设置景观叠石＋人行步道，在挡墙迎水面增加文化石贴面。为贯彻"水美乡村"建设理念，在塘平村核心居住区设置配套景观建筑物，主要内容有修复拦河坝 1 座，新建拦河坝 1 座，建设村口游园 1 座、停车场 4 个、品茶阁 1 座、茶香亭 1 座、村口牌坊 1 座、拱桥 1 个、游步道 725 m、仿木栈道 68 m、铺装广场 1595 ㎡、文化景墙 19.3 m，绿化面积约 8000 ㎡等。

总之，苍梧县水系连通及水美乡村建设工程对保证人民群众的生命和财产安全、保障民族团结和社会稳定、促进当地社会经济快速发展、改善居住环境具有重要意义。该工程可保护人口 1520 人，保护耕地面积 77.5 公顷，将大大增强苍梧县人民生产建设的信心，为乡村振兴、社会和谐稳定提供坚实保障。

（本专题案例所有一手数据资料均来自苍梧县水利工程管理站。）

3. 案例使用说明

（1）教学用途与目的

a. 本案例适用课程：

适用于现代农业创新与乡村振兴战略等相关课程。

b. 本案例的教学目的：

通过对本案例的讨论和学习，使学生理解和掌握现代农业创新与乡村振兴战略等课程的理论，同时提出具体的学习目标。

（2）涉及知识点

本案例主要涉及乡村振兴战略、农业农村发展的相关政策和理论探索。需要学生掌握乡村振兴、农村发展与生态环境保护协调发展的方法论。

（3）分析框架

本案例分析框架的构建通过以下过程实现：一是研究文献，初步确定分析维度和角度；二是团队成员间讨论、修改；三是形成完整分析框架；四是结合文献和其他案例分析，确定各分析角度的水平层级。主题案例的核心包括问题、活动、素材和知识四部分，通过四个维度对案例进行分析评价，最终构建具体的分析角度和每个角度对应的水平层级。

主要参考文献

刘砥柱. 梧州苍海古凤湿地公园生态水体数值模拟研究［D］. 长沙：中南林业科技大学，2014.

（执笔：梁静真）

第五部分

组织振兴案例

▶▶▶ 农村富不富 关键在支部:"党建 + 产业"发展模式

摘要: 组织振兴在乡村振兴中发挥重要作用,党支部建设是乡村组织振兴的重要抓手。田东县林逢镇东养村党总支部大力实施"党建 + 产业"发展模式,采取"党建引领 + 合作社统领 + 党员带领""三领"方式,把党支部建在芒果产业链上,通过召开乡村夜话、院坝会议等形式与村民共商,从资金、技术等方面为村民提供服务,带领村民发展芒果特色产业。2022 年全村种植芒果 936.67 公顷,年产量过万吨,年销售额超过 1 亿元。东养村成为全国有名的芒果村,入选第六批全国"一村一品"示范村镇名录,成为百色芒果产业入选"国字号"的第一村,被评为百色市"产业兴旺红旗村""生活富裕红旗村"。

关键词: 党建引领,组织振兴,产业振兴,党建 + 产业,田东县

1. 案例依据

(1)案例背景

田东县是广西壮族自治区百色市辖县,位于广西西部,右江河谷

腹地，是中国芒果之乡。田东县曾是国家级贫困县，2018 年历史性地摘掉戴了 32 年的"穷帽子"，2022 年入选广西了百强县。东养村是田东县林逢镇的一个村，一直有种植芒果的历史，但由于缺乏系统的技术指导，芒果品质差、价格低廉，村民赚不到钱，20 世纪 90 年代不少村民砍掉自家的芒果树，改种甘蔗。后来在党员带领、党建引领和合作社统领的发展路径下，该村的芒果特色产业恢复了快速发展，助力村民实现脱贫致富和乡村振兴，东养村成为了远近闻名的乡村振兴示范村。

（2）研究对象

林逢镇东养村位于田东县城北面，全村辖那养、那务、那乐、那朗等 7 个自然屯 14 个村民小组，有 725 户 3132 人，村党总部党员 69 人，设置 3 个党支部，全村土地面积 905.33 公顷，其中耕地面积 788.67 公顷。近年来，东养村以习近平新时代中国特色社会主义思想为指引，坚持"支部引领、党员示范、能人带动、群众参与"发展路径，逐步走出具有自身特色的芒果产业与旅游融合发展之路，是田东县国家农村产业融合发展（芒果）示范园的核心区之一，2016 年入选第六批全国"一村一品"示范村，2022 年入选广西乡村振兴示范村。东养村党总支部 2018 年至 2022 年连续获评自治区四星级党组织。田东县林逢镇东养村党总支部书记、村民委员会主任陆秀缎积极投身于脱贫攻坚和乡村振兴主战场，创建了田东县百冠芒果核心示范园和田东县第一家芒果合作社。2022 年东养村农村居民人均可支配收入 2 万元以上。

（3）研究意义

东养村乡村振兴离不开党建引领和党员示范作用。通过"党支部引领＋书记带头＋党员带富"的形式，充分发挥党组织功能，大力发展芒果特色产业，带领村民共同致富，这种"党建＋产业"发展模式具有典型的示范作用和借鉴意义。

2. 案例内容

（1）建强党总支部战斗堡垒，强化党员引领示范

东养村党总支部以 2021 年村级换届选举工作为契机，选优配强村"两委"干部，打造"学习型、团结型、服务型、活力型"基层党组织。把建强基层党组织、提升服务发展能力作为重要抓手，落实"岗位在村、阵地在村、责任在村"机制，牢固树立党建引领产业发展理念，大力实施"党建＋产业"发展模式，全力探索"建一个组织、兴一个产业、富一批群众"的发展路子，把党支部建在芒果产业链上。东养村党总支部 2018 年至 2022 年连续获评自治区四星级党组织。

东养村实施"党支部引领＋书记带头＋党员带富"模式，充分发挥党员示范带动和先锋模范作用，树立一名党员就是一面旗帜的理念，坚持以争当创业型党员为立足点，把党员创业带富作为促进农民持续增收的有效措施，有效发挥致富党员的领富作用。积极推进"三联三培养"工程，即把优秀青年培养成党员、把党员培养成致富带头人、把党员致富带头人培养成村级后备力量。党总支部书记陆秀缎作为典型引路人，率先在东养村百冠山种植芒果成功后，2011 年成立了田东县第一个果蔬农民专业合作社，采取"村党支部＋合作社＋农户＋基

地"模式,把 20 户果农组织起来,向他们无偿提供技术指导和扩展销售渠道指导,以 66.67 多公顷的面积开启东养村芒果抱团发展之路。目前,东养村芒果种植面积已扩大至 936.67 公顷,年销售额超过 1 亿元。陆秀缎成为群众脱贫致富的领头雁、党员创业带富的标杆,个人荣获全国三八红旗手、"大国农匠"全国农民技能大赛(种植能手)优秀奖、"八桂指模"等一系列荣誉和称号。

(2)汇聚人才活水,赋能乡村振兴

习近平总书记指出,要推动乡村人才振兴,把人力资本开发放在首要位置,强化乡村振兴人才支撑。东养村紧紧抓住人才这一关键要素,围绕以"党建领航筑堡垒,凝心聚力育人才"为中心,深入推进农村"领头雁"培养工程,大力实施优秀人才"回引"计划,村"两委"成员发动党员干部、亲朋好友,积极联系在外乡贤能人,鼓励和引进外出务工创业"能人"返乡,加大政策支持力度,全力培养一批职业农民、产业农民、创新农民,激活"归雁经济"。

筑巢引凤,搭建平台"聚人才"。东养村坚持"筑巢"和"引凤"相结合,以田东县百冠果蔬农民专业合作社和百冠高新农业投资公司为平台,动员引回"人才"加入合作社和公司,打造出国家农村产业融合发展那朗芒果核心示范园,同时强力推进美丽乡村和文明乡风建设,加快绘就"村庄尽吹文明风"的和谐画卷。目前从高校毕业生、退役军人、返乡创业人员等培养出 18 名后备人才,为村"两委"班子"强肌壮骨"。

管培并举,赋能提素"育"人才。深化东养村"筑巢引凤　芒山带富"党建示范点,以东养那朗芒果示范基地为核心,将那朗芒果

核心示范区培育成为乡村振兴人才培训示范基地，邀请国内专家学者、本土专家到基地开展"现场教学"培训，近年来共举办培训班 35 期，培训 2000 多人次。培养出陆秀缎、黄涛等一批本土专家和致富带头人。

（3）能人带头激活力，拓宽带富"产业链"

以致富能人黄涛为代表，成立田东县百冠果蔬农民专业合作社和百冠高新农业投资公司，通过申请上级补助资金和动员合作社社员共同发起筹集资金，创建国家农村产业融合发展那朗芒果核心示范园和东养芒果核心示范区。实行"村企村社联建"模式，采用"百冠公司＋村集体"的运营方式，深入实施农产品品牌创建战略，以百色芒果区域品牌＋"百冠"企业品牌为例，采取实体店销售和电子商务销售相结合的营销方式拓宽营销渠道。为了进一步延伸芒果产业链，通过政府扶持资金和公司自筹资金，建成了百色市第一家芒果分拣中心、田东县芒果原浆制品生产线及芒果仓储物流中心，延伸了芒果产业链，提升了芒果附加值，缓解了芒果鲜果集中销售问题，增加了就业和果农增收。带动了东养村、德利村、民族村及林驮村等附近村屯近 3000 户群众增加芒果种植面积约 3333.33 公顷，带动 297 户贫困户走上致富路。百冠果蔬农民专业合作社被评为国家级农民专业合作社示范社，示范区成为第十二届世界芒果大会现场参观点，赢得了国内外专家和嘉宾的高度评价，先后被评为国家农村创新创业园区基地、广西休闲农业与乡村旅游示范点、广西四星级特色农业现代化示范区。

东养村党总支部把党支部建在芒果产业链上，充分发挥"党建引领＋合作社统领＋党员带领""三领"方式，大力推进"党建＋产业"模式，增强了基层党组的凝聚力,促进了芒果特色产业兴旺,村民生活更加富裕。东养村被评为百色市"产业兴旺红旗村""生活富裕红旗村"。

3. 案例使用说明

(1)教学用途与目的

a. 本案例适用课程:

适用于现代农业创新与乡村振兴战略等相关课程。

b. 本案例的教学目的:

通过对本案例的讨论和学习,使学生理解和掌握现代农业创新与乡村振兴战略等课程的理论,对组织振兴与产业振兴、人才振兴的关系有了更深层次的认识,同时提出具体的学习目标。

(2)涉及知识点

本案例主要涉及习近平总书记"中国式现代化"理论、国家乡村振兴和农业农村现代化的相关政策和理论探索;同时涉及乡村发展、中国共产党党组织建设、基层社会治理方面的科学与知识点。尤其需要学生深刻学习、掌握新时代中国特色社会主义思想指导下的乡村振兴和乡村建设的方法论。

(3)分析框架

本案例分析框架的构建通过以下过程实现:一是研究文献,初步确定分析维度和角度;二是实地调研访谈,三是团队成员间讨论、修改;四是形成完整分析框架;五是确定案例分析角度;六是案例内容的确证和实地考察验证。

主要参考文献

［1］国家发展改革委．经验分享：广西壮族自治区田东县国家农村产业融合发展示范园创建经验［Z/OL］．百度网，2021-12-07．https://baijiahao.baidu.com/s？id=17184544725545572291&wfr=spider&for=pc．

［2］洪姝源．扎根新农村　闯出致富路，记2023八桂楷模陆秀缎［N/OL］．广西新闻网，2023-8-27．http://www.gxnews.com.cn/staticpages/20230827/newgx64eb438c-21262868.shtml．

［3］卢思雨．东养村：乡村振兴产业旺　芒果飘香日子甜［N/OL］．中国乡村振兴网，2022-07-11．http://www.zgxczxzz.com/index.php？m=Archives&c=IndexArchives&a=index&a_id=46487．

［4］唐园结，李炜，江娜，等．产业富民是"创"出来的——脱贫路上的"田东实践"（中）［N］．农民日报，2018-11-23．

［5］张宏锋，韦铭征．"芒"碌为民显担当"果"香千里满右江——记"大国农匠"陆秀缎［N/OL］．百色新闻网，2023-09-08．http://xianqu.bsyjrb.cn/tiandong/content/2023-09/08/content_210160.htm．

（执笔：何新华）

百年"世仇村"和解：基层治理探索与实践

摘要： 新时代下，传统的宗族文化和乡风文明之间的矛盾，已成为阻碍乡村基层治理现代化的重要因素。宗族组织在广东地区有着极其重要的地位，该案例选取宗族文化浓厚的揭阳槎桥、美西等4个"世仇村"成功和解的例子并加以深入剖析，探讨宗族文化对乡村文明建设的影响及应对举措，了解"世仇村"如何充分发挥党委、政府、宗族长老、乡贤、村民等多方力量，形成乡村治理共同体，有效化解基层治理困境，提升乡村治理水平，促进乡村振兴。

关键词： 宗族文化，乡风文明，乡村治理

1. 案例依据

（1）案例背景

治理有效是乡村振兴的重要保障，组织振兴是乡村治理体系和治理能力现代化的体现，农村精神文明建设也是乡村治理体系的重要内容。2022年至2024年连续3个中央一号文件都将乡村治理作为重要内容。2022年3月6日，习近平总书记在看望参加政协会议的农业界社

会福利和社会保障界委员时强调，乡村振兴不能只盯着经济发展，还必须强化农村基层党组织建设，重视农民思想道德教育，重视法治建设，健全乡村治理体系，深化村民自治实践，有效发挥村规民约、家教家风作用，培育文明乡风、良好家风、淳朴民风。2024 年中央一号文件提出，提升乡村治理水平，推进抓党建促乡村振兴，繁荣发展乡村文化，持续推进农村移风易俗，建设平安乡村。乡村法治建设是乡村振兴的重要环节与保障，乡风文明建设是乡村法治的重要体现。

（2）研究对象

近年来，揭阳槎桥、美西等 4 个互不通婚的百年"世仇村"，成为当地基层治理的痛点、难点。随着乡风文明建设不断深入推进，当地在党委、政府、宗族长老、村委会、乡贤、村民等构成的乡村治理共同体的共同推进下，整合协调村民利益需求，破除不合时宜的宗族文化糟粕，凝聚乡村社会价值，有效化解了"世仇村"的基层治理困境，为如何在宗族文化色彩浓重的社会中有机建设乡村文明、有效开展乡村治理提供了可供参考的实践经验。

（3）研究意义

两广地区宗亲文化根源深厚，各类宗亲组织机构严密，体系完整，但部分宗亲组织出现宗族文化扭曲与组织内部斗争等问题，对农村基层的民主政治、法制建设、经济发展、文化创新都会造成阻碍和破坏，不利于我国基层社会的正常运行。通过对案例进行整理和深入分析、发现新时代背景下，社会各方对不良的宗族风气有不同看法和共同愿景。在推进宗族文化与新时代基层治理融合时，要有机整合各方力量，协调宗亲文化和社会基层治理间形成良性互补关系，共同推进移风易俗，构建和谐共生的社会治理环境。广东潮汕地区的"世仇村"顺利推进和解，对引导宗族文化融入社会主义核心价值观和促进基层乡村治理都具有重要现实意义。

2.案例内容

（1）"世仇村"的形成

地缘相近的两个或两个以上的村庄，耕地接壤，因争夺农田、灌溉水源等资源纷争，偶尔发生摩擦甚至导致激烈冲突，由此引发的矛盾越来越深，积怨成仇，上升为宗族之间的矛盾纷争，互相不再往来，特别是互不通婚。这个矛盾被一代代传递灌输，从而使得两村之间形成了"世仇"。互不通婚的禁忌通过祖代口口相传的形式，在广东揭阳的槎桥、美西、美东、下六4个村流传了两百多年。

以血缘、地缘为基础而形成宗族社会，通过修建祠堂、更新族谱、产生族长等活动强化宗族内部关系，这种行为模式是"世仇村"形成的原因。宗族社会之间长期"抱团取暖"的活动培育出能影响群体价值观的宗族长老，他们拥有宗族的最高话语权，群众较为顺从以其为主线的行为准则，宗族长老的影响力有时甚至超越法律法规。在敬畏祠堂祖先的宗族文化影响下，宗族群众往往十分依赖宗族，使得乡村纠纷亦带有浓厚的"宗族色彩"，导致本族与外族间微小的个人矛盾也会逐渐演变成宗族之间的冲突。

（2）"世仇村"的影响

一是土地撂荒。对于在接壤两村交界处的土地，由于害怕引发纷争而不敢耕作，导致大量土地撂荒。二是阻碍经济往来。"世仇"带来的芥蒂导致双方难以开展深入的经济往来，难以形成规模化的生产模式。三是两村互不通婚。"世仇"互不通婚的祖训导致有情人难成眷属。四是河道堵塞。由于两村之间的"世仇"，排污河道阻塞问题一直无法全面疏解。总而言之，"世仇"不利于村庄之间的社会发展和村民们的生活幸福。

加强乡村的基层民主建设是我国推进民主建设的重要举措。加强农村基层基础工作，需要健全的自治、德治、法治三者相统一的乡村治理体系。"世仇"所反映出来的宗族问题不仅影响农村现代化基层民主治理制度的确立，也影响着现代化法理型乡村治理体制的构建。深受宗族文化的影响，部分宗族意识较强的农村，一直处于宗族长老等的管理下，接受着与民主法治思想有冲突的思想，在面对国家利益和宗族利益不一致的情况下，往往顺从宗族长老的决策，甚至会出现置法律与国家民族利益不顾的不利于基层治理的行为，成为基层治理的痛点、难点，从而阻碍着农村基层民主建设的进程。

（3）"世仇村"的化解：基层治理需多方合力推进

①发挥党组织领导与协调作用

乡村基层党组织的领导班子是乡村治理现代化过程中各项工作的领导核心，农村基层干部是党在广大农村的中坚力量，促进多元主体化解农村社会各类矛盾，借助乡村文明建设契机，把化解"世仇"作为民生实事，由巡察组、党委、政府、驻镇帮镇扶村工作组等充当化解"世仇"的"中介"，共同推进成立睦邻友好专门领导协调工作小组，通过党建引领，由村"两委"干部带动村民移风易俗。

②发挥"老人头"等教化作用

宗族社会里有着非常强烈的尊老爱幼传统，"老人头"有着传统型权威，威望高、认可度大，在农村民主管理上有调解、互帮互助和教化的积极作用。该案例中合理运用"老人头"的号召力以及宗亲的凝聚力，通过走访村中名望高的长辈，做通各村老一辈的思想工作，让其明白随着社会的进步和时代的发展，世仇和解才能更好促进经济发展、资源共享，从而实现宗族及宗族间的合作共赢。

③发挥群众凝心聚力的作用

随着群众文化知识、法制意识的不断提高，群众对宗族、村庄的经济发展越来越重视，意识到"世仇"这种传统不符合现代社会的价值观，不仅阻碍两村间通婚，更阻碍了村庄发展和村民幸福，从而达成了解除"世仇"、缔约友好的共识。案例中，"老人头"虽然在宗族组织中处于权威地位，但群众的合理诉求更是宗族需要考虑的重要内容。由于和解是民心所向，群众们的推力成为了化解"世仇"的主要动力。

（4）案例聚焦

①宗族文化

中国传统社会主要以家族为中心，按亲属间血缘远近来区分嫡庶亲疏。这一传统等级制度形成了不同的宗族文化。宗族文化是同宗、同族在一定时期沉淀并约定俗成的民俗传统文化。宗族固有的组织、联结方式及以"礼"为核心的传统道德观念长期约束人们思想，使其更愿意顺从有辈分、有威望的人，从而形成以"老人头"为主线的宗族价值观和思想理念。在现代社会中，宗族文化对基层民主有一定的积极和消极影响。积极影响是在基层乡村治理薄弱环节上，例如在公共资源缺失、社会保障不足等问题上，宗亲组织作为村民自治的有效补充，其宗族力量有助于维护农村社会大局稳定，有助于缓解基层自治组织的治理难题。消极影响是宗族文化由来已久、根深蒂固，多数人认同宗族化民主多于合法化民主，一定程度上不利于基层治理的推进，从而影响农村社会的和谐。因此我们要积极发挥宗族文化这股民间力量在基层治理中的积极作用，引导宗族文化顺应现代化法治建设的需要，采取温和的处理方式，找寻宗族传统的礼治与现代理性的法治中的平衡点，构建"礼治"与"法治"相融合的乡村秩序，助推我国乡村振兴。

②乡风文明

习近平总书记强调："乡村振兴，既要塑形，也要铸魂。"乡风文明是指在特定区域内产生的，与社会主义先进文化相适应，被农民普遍了解并认可的优秀的生活习惯、风俗礼节、文化符号、道德品性和伦理准则等。乡风文明的核心是引导并不断推动广大农民建立与乡村振兴战略相适应的信念、观念和理念。在宗族文化中，"世仇村""百年不通婚"旧约等与实际生活不合时宜的思想需要逐渐摒弃，传统的宗族文化中的文化糟粕终将被淘汰。我们要在社会中不断弘扬正确的价值观，构建乡村文明社会。一是加强法制宣传，党和政府合理引导，强化民主和法治思想宣传，引导村民加强法律法规学习，摒弃不合时宜的不良风气；二是结合古礼节优秀传统文化，将新时代乡风文明精神融入宗族规约中，有效利用宗族祠堂作为新时代文明实践和乡风文明建设的基地，加强新风建设。

③乡村治理共同体

乡村作为国家基础政权的"神经末梢"和最基本的治理单元，是我国基层治理的行政根基。乡村治理的主要核心是体现并实现基层民主的自治力量再组织化。案例中的"世仇村"在党委、政府、宗族长老、乡贤、村民等多方合力下逐渐破冰并成功和解，体现了乡村治理共同体的作用。乡村治理共同体是指在基层治理过程中，吸纳政府力量、基层自治组织力量、农民、乡贤、宗族组织等各种社会力量并形成共同体，发挥各主体优势，以利益整合和协同合作为主要契合点，共同化解各主体之间的利益纷争及冲突，从而达到共治合力的治理共同体。案例中，随着时代变化和社会发展，乡村组织方式、联结方式发生一定程度的变化，使得宗族、长老组织动员的权威能力有所弱化，造成治理出现复杂化的趋势。这时，乡村治理共同体的出现，凸显了共同体的共治共享共建功能，契合宗族文化和现代乡村治理的行为准则，发挥了党总揽全局、协调各方的领导核心作用，自治组织协调沟通、宗族组织凝聚宗族群众的作用，进一步规范乡村社会秩序，确保乡村自治在农村社会、宗族社会中得到有效落实。因此，要增强基层党组织的组织协调能力，发挥村党组织的政治引领作用，确保乡村治理走向正确的政治方向。要合理融合宗族组织力量，全面评估宗族组织在农村基层民主建设及基层治理中的作用，使宗族组织和村民自治有机联结在一起，相辅相成合作共赢。要发挥基层群众主体作用，搭起基层治理"连心桥"。提高村民参与基层治理的意识和能力，及时反映及解决农民的诉求，拓宽村民参与村务的合法渠道，实现协同共治，提升村民公共意识，促进乡村治理共识顺利达成，激发乡村协同自治活力。

（5）启示

百年"世仇村"的和解，是乡村治理共同体协同推进解决基层治理痛点、难点的一个成功案例，是基层善治、乡村文明建设的生动写照。"世仇村"体现的宗族文化与乡村文明建设两者之间的矛盾，在党委、政府、乡贤、宗族长老、村民等多方合力的努力下成功达成和解，进一步推进移风易俗，为和美乡村建设与基层治理增添更多生动注脚。同时，在乡村振兴战略主导下，向基层组织放权赋能，能够激发乡村治理活力和治理能力。我们要尊重合理的宗族文化，剔除与新时代不相符的宗族文化，积极挖掘宗族文化价值，找寻其与乡村振兴的有机融合点，让优秀宗族传统文化得以延续及弘扬，成为宗族社会中的文明乡风。

3. 案例使用说明

（1）教学用途与目的

a. 本案例适用课程：

适用于现代农业创新与乡村振兴战略等相关课程。

b. 本案例的教学目的：

通过对本案例的讨论和学习，使学生理解和掌握乡村振兴战略中有关乡村治理与组织振兴的理论，同时提出具体的学习目标。

（2）涉及知识点

本案例主要涉及习近平总书记"乡村治理""组织振兴""精神文明"等方面的内容；同时涉及基层社会治理、组织振兴、文化振兴等方面的科学与知识点。需要学生深刻学习和掌握乡村治理的方法论。

（3）分析框架

本案例分析框架的构建通过以下过程实现：一是研究文献，初步确定分析维度和角度；二是实地调研分析；三是团队成员间讨论、修改；四是形成完整分析框架；五是确定案例分析角度。

主要参考文献

［1］中共中央国务院关于学习运用"千村示范、万村整治"工程经验有力有效推进乡村全面振兴的意见［N］. 人民日报，2024-02-04（001）. DOI：10.28655/n.cnki.nrmrb.2024.001240.

［2］李帅奇. 加强新时代乡村"熟人社会"中法治建设的路径构想［J］. 西部学刊，2023（24）：54-57.

［3］贺达源，高天遥. 百年"世仇村"和解背后［N］. 南方日报，2023-11-02（A11）. DOI：10.28597/n.cnki.nnfrb.2023.005987.

［4］马浩佳，吴思琪，林静盈. 潮汕宗族行为模式与乡村振兴发展战略关系考察［J］. 中国集体经济，2021（27）：67-69.

［5］刘心蕊. 新时代乡村治理体系现代化研究［D］. 吉林大学，2023.

［6］周静，黎婉文. 宗族文化对农村基层民主政治建设的影响研究——以汕头市浮西村为例［J］. 现代农业研究，2019（12）：125-130.

［7］黄卫星，张玉能. "家"字的文化阐释［J］. 青岛科技大学学报（社会科学版），2017，33（03），69-77.

［8］王天赐.乡村振兴视角下乡风文明建设路径探究［J］.智慧农业导刊，2024，4（04），82-85.

［9］王驰，雷震.重塑善治：中国式乡村治理现代化的建构与实现［J］.社会科学家，2023（11）：84-89.

［10］韩谦.一个违背祖训的决定：化解百年"世仇"［N］.南方周末，2023-12-21.

［11］陈雪峰.潮汕宗族意识的瓦解个案分析——以锦里园陈氏为例［J］.汕头大学学报（人文社会科学版），2018，34（10），43-47，95.

［12］韩艳丽，刘涛.乡村振兴视角下乡村治理共同体构建研究［J］.新东方，2023（06）：64-70.

（执笔：邓永丽、何新华）

▶▶▶ 北海市银海区银滩镇：以党建引领促进乡村治理和乡村振兴

摘要：北海市银海区银滩镇坚持党建引领，始终把党建引领贯穿乡村治理和乡村振兴全过程，深入贯彻、巩固、拓展脱贫攻坚成果同乡村振兴有效衔接重大战略，探索以坚持"4个聚焦"、突出"3个加强"、推进"2个建设"为主要内容的"4+3+2"模式，在产业发展、环境整治、乡村基层治理、精神文明建设等方面同向发力、共同用力，打好乡村振兴"组合拳"，推动党的政治优势、组织优势转化为乡村治理效能，构建了共建、共治、共享的乡村治理新格局。

关键词：党建引领，乡村治理，乡村振兴，银海区银滩镇

1. 案例依据

（1）案例背景

银海区隶属广西壮族自治区北海市，位于北海市中南部，地处北纬21°25′—21°41′，东经109°04′—09°19′，属亚热带海洋性季风气候，冬无严寒，夏无酷暑，总面积541 km²。截至2022年末，银海区常住

人口为 32.03 万人。银滩镇为北海市银海区下辖镇，位于银海区西南部，因辖区银滩而得名。其东连平阳镇，西至冠头岭海岸，南至银滩，北接海城区，行政区域总面积 79 km²。北海市银海区银滩镇坚持"党建+"模式，把党建引领贯穿乡村治理和乡村振兴全过程，深入贯彻、巩固、拓展脱贫攻坚成果同乡村振兴有效衔接重大战略，构建了共建、共治、共享的乡村治理新格局。

（2）研究对象

银滩镇地处滨海平原，地势西高东低，北高南低，地面高程 2—20 米，最高点为冠头岭之顶（海拔 125 m），最低点在白虎头沙滩（海拔 2 m），从东至西分布有泥沙质沙滩、沙质沙滩和砾石滩。银滩镇下辖 7 个社区和 11 个行政村，分别是新村社区、大墩海社区、南万社区、贵兴社区、海兴社区、北海高新技术产业开发区社区、北海大学园区社区，以及曲湾村、龙潭村、禾沟村、关井村、下村村、和兴村、北背岭村、和平村、咸田村、电建村、白虎头村。银滩镇下辖 161 个村民小组，7 个党委，8 个党总支部，122 个党支部，党员 1785 名，辖区常住人口 20.8 万。银滩镇旅游资源得天独厚，辖区有国家 4A 级景点——北海银滩，另有冠岭山庄、金海湾红树林生态旅游区、田野休闲农业观光园、海洋之窗、大江埠民族风情园等观光旅游景点。其中，金海湾红树林生态旅游区被评为 4A 级景区，大江埠民族风情园被评为 3A 级景区。

（3）研究意义

乡村治，百姓安，国家稳。习近平总书记指出："要加强和创新乡村治理，建立健全党委领导、政府负责、社会协同、公众参与、法治保障的现代乡村社会治理体制，健全自治、法治、德治相结合的乡村治理体系，让农村社会既充满活力又和谐有序。"北海市银海区银滩镇坚持党建引领，通过"4个聚焦+3个加强+2个建设"模式，充分发挥党组织功能，在产业发展、环境整治、乡村基层治理、精神文明建设等方面同向发力、共同用力，这种党建引领乡村治理和乡村振兴发展模式具有典型的示范作用和借鉴意义。

2.案例内容

（1）坚持"4个聚焦"，筑牢乡村振兴发展基础

推动乡村振兴，基层党组织是关键。北海市银海区银滩镇党委坚持"4个聚焦"，让党旗飘在一线、党员冲在一线、阵地建在一线。首先是聚焦队伍建设，多方面培养育村人才。坚持"能者上、庸者下、劣者汰"的选拔导向，锻造高质量发展队伍。落实好村干部任职资格联审制度，建立后备人才库，截至目前共储备后备干部122名。二是聚焦标准化建设，多举措建强阵地。以党支部规范化建设为主体，以开展党内组织生活为载体，结合乡村治理、软弱涣散组织整顿、发展党员、为民办实事等工作，全面打造服务型村级党组织。加强队伍建设，认真落实"三会一课""主题党日"等组织生活制度，切实加强党员干部的凝聚力，引导村干部、村民积极谋划乡村产业、爱护环境卫生、发展美丽家乡。三是聚焦评比培训，不断激发内生动力。通过农村党支部星级评比晒成绩和进度，比动力和压力，增强基层干部干事创业的主动性。着力提高驻村工作队及村干部队伍的整体素质，学习乡村振兴有效衔接业务工作文件，从教育培训入手，以驻村擂台比拼

为载体，引导驻村工作队伍、村干部队伍学深、学细、学实乡村振兴有关内容。2023 年，银滩镇组织党务工作专题培训 1 次、基层干部乡村振兴专题培训 1 次、农村党员大培训 2 期、乡村振兴系列活动 6 次，累计培训超过 300 人次。四是聚焦产业成果，采取多种措施帮助助村民增收。积极发挥驻村工作队、村干部自身优势和乡村地理优势，谋划发展特色产业项目，助力壮大村集体经济，助力乡村振兴发展。

（2）突出"3 个加强"，助推乡村振兴走深走实

一是加强基础设施建设。2023 年以来，北海市银海区银滩镇整合上级乡村振兴资金项目和政策扶持，大力谋划申报乡村建设项目 100 个，推进乡村振兴资金项目 6 个。二是加强人居环境治理。常态化组织包村干部、村（社区）干部、志愿者对辖区内村社道路、房前屋后等按周开展集中创城志愿活动，积极引导群众发挥在农村人居环境整治中的主人翁作用，推动村容村貌由一家美向家家美转变。三是加强乡村人才回流，推动乡村人才振兴。习近平总书记指出，要推动乡村人才振兴，把人力资本开发放在首要位置，强化乡村振兴人才支撑。全面掌握致富能手、回乡大专及本科毕业生、退伍军人、优秀外出务工返乡农民工等群体信息，从中择优选拔有意愿回村创业、工作的优秀人才并推动其回流，培育村级后备干部。

（3）推进"2 个建设"，激发乡村振兴强大活力

治理有效是乡村振兴的基础，北海市银海区银滩镇强有力推进"2 个建设"的基层党组织是治理的有效保障。一是扎实推进精神文明建设，推进城乡文明融合发展。在全镇 9 个行政村修订完善村规民约，

开设积分超市，对村民群众实行积分制管理，广泛开展星级文明户、美丽庭院等先进典型评选活动，定期组织村民开展孝亲敬老、卫生清扫等常态化志愿服务，培育农村家庭文明、卫生、秩序观念，树立新时代文明新风尚。二是深入推进网格化建设，不断提升乡村治理能力。一方面充分发挥法律明白人基层治理雁阵效应。全力实施村（社区）法律明白人培养工程，发挥法律明白人以身边人说身边法优势，开展纠纷调解等工作。另一方面充分发挥"党建＋网格化管理"基层治理铁三角作用。积极探索推进"党建＋网格化管理"基层治理模式，将银滩镇划分为138个网格，配强138名网格长，深入开展矛盾纠纷化解工作。坚持以群众需求为导向，依托北海市市域社会治理网格化指挥平台和北海市社会矛盾纠纷多元化解服务平台，拓宽乡村治理路子。

下一步，北海市银海区银滩镇将继续探索健全"党建＋"模式，以创新为导向、以提质为追求、以高效为目标，持续做好巩固脱贫攻坚成果同乡村振兴有效衔接工作，以高质量党建之花催生高质量发展之果。

（本专题案例所有一手数据资料均来自人民网。）

3. 案例使用说明

（1）教学用途与目的

a. 本案例适用课程：

适用于现代农业创新与乡村振兴战略等相关课程。

b. 本案例的教学目的：

通过对本案例的讨论和学习，使学生理解和掌握乡村振兴战略中有关乡村治理与组织振兴的理论，同时提出具体的学习目标。

（2）涉及知识点

本案例主要涉及习近平总书记"乡村治理""组织振兴""精神文明"等方面内容；涉及基层社会治理、组织振兴、文化振兴等方面的科学与知识点。需要学生深刻学习和掌握乡村治理的方法论。

（3）分析框架

本案例分析框架的构建通过以下过程实现：一是研究文献，初步确定分析维度和角度；二是团队成员间讨论、修改；三是形成完整分析框架。

主要参考文献

[1] 银滩镇简介 [EB/OL]. 北海市银海区人民政府门户网站，2024-7-24. http://www.yinhai.gov.cn/yhgk/xzqh/t14374291.shtml.

[2] 杨忱. 乡村振兴战略背景下广西特色小镇建设中政府职能研究 [D]. 南宁：广西大学，2018.

[3] 大国新村：沿着总书记的足迹 | 党建引领走好乡村善治之路 [N/OL]. 光明网，2024-7-27. https://baijiahao.baidu.com/s?id=17797084660710226 82&wfr=spider&for=pc.

[4] 北海市银海区银滩镇："4+3+2" 模式激活乡村振兴新动能 [N/OL]. 人民网，2024-7-26. http://gx.people.com.cn/n2/2023/1229/c394027-40697916.html.

（执笔：梁静真）

第六部分

共同富裕案例

▶▶▶▶ 琼海博鳌留客村乡村文旅融合发展

摘要：近年来，海南省琼海市博鳌镇留客村始终坚持加快推进乡村文旅融合发展，不断提升琼海乡村旅游产品的品牌影响力和美誉度。留客美丽乡村项目以旅游的专业视野，围绕其核心竞争力——万泉河最美河段和"海南侨乡第一宅"打造留客村。该项目以乡村文旅融合＋乡村振兴战略为切入点，以传统村落为载体，以侨乡文化、流马古渡文化、万泉河文化、下南洋文化等为灵魂内核，重点打造"最美万泉河""侨乡第一村"旅游品牌，建成留客民间会客厅，成为服务博鳌亚洲论坛的重要场所。目前，留客村的吃、住、行、游、购、娱等共享经济的业态均初具雏形，种、养、捕捞均已形成链条。

关键词：琼海博鳌，留客村，美丽乡村，乡村振兴

1. 案例依据 ◀◀◀

（1）案例背景

留客村隶属博鳌镇莫村村委会，东与博鳌亚洲论坛永久会址相接，西与博鳌乐城国际医疗先行政区毗邻，北依万泉河南岸。因留客村的

120

渡口将官商文人聚集于此，因而得名"留客"。留客村共有 176 户，居住着蔡、莫、余、朱、陈、韩、王、卢、周、覃十个姓氏。其中，旅居印尼、新加坡、马来西亚、泰国、香港、澳门等地的华侨有 1000 多人。清末，留客村的青壮年男子多从留客村村口的古渡口乘船，经万泉河漂洋过海出外谋生创业。近年来，海南省琼海市博鳌镇坚持深入贯彻落实习近平总书记关于博鳌小镇建设的重要批示精神，始终坚持推进乡村文旅融合发展、以博鳌田园小镇建设为主要抓手，加快推进留客村美丽乡村建设，不断提升琼海市乡村旅游产品的品牌影响力和美誉度。2018 年 5 月，留客村被列入中央财政支持范围中国传统村落。2021 年 8 月，留客村入选第三批全国乡村旅游重点村名单。

（2）研究对象

在建设留客村过程中，用旅游专业视野，围绕其旅游核心竞争力打造留客文旅产业。以乡村文旅融合 + 乡村振兴战略为切入点，以传统村落为载体，以侨乡文化、流马古渡文化、万泉河文化、下南洋文化等为灵魂内核，通过留客美丽乡村项目打造"最美万泉河""侨乡第一村"旅游品牌，建成留客民间会客厅，成为服务博鳌亚洲论坛的重要场所。在万泉河最美河段留客渡口至玉带滩、留客渡口到乐城先行区开辟 2 条水上游线路。目前，留客村的吃、住、行、游、购、娱等共享经济的业态均初具雏形，种、养、捕捞均已形成链条。

（3）研究意义

留客村注重立足村资源禀赋精准施策，坚持群众主体，全面激发村民内生动力，注重并切实维护农民利益，创新美丽乡村管理模式，探索出一条乡村文旅融合发展新路子，为乡村振兴与文化振兴实施提供可借鉴的样板与模式。

2. 案例内容

（1）留客文旅产业建设

近年来，琼海市博鳌镇留客村始终坚持加快推进乡村文旅融合发展，不断提升琼海乡村旅游产品的品牌影响力和美誉度。留客村在万泉河最美河段开辟了两条水上游线路，即留客渡口至玉带滩、留客渡口到乐城先行区，还开通了水上住宿等业态，进一步做大留客文旅产业。

在留客文旅产业建设中，以旅游的专业视野，围绕留客村文旅核心竞争力——万泉河最美河段和"海南侨乡第一宅"蔡家宅，以乡村文旅融合＋乡村振兴战略为切入点，以传统村落为载体，以侨乡文化、流马古渡文化、万泉河文化、下南洋文化等为灵魂内核，重点打造"最美万泉河""侨乡第一村"旅游品牌，建成留客民间会客厅，成为服务博鳌亚洲论坛的重要场所。目前，留客村的吃、住、行、游、购、娱等共享经济的业态均初具雏形，种、养、捕捞均已形成链条。

（2）农户与公司合作共赢发展模式

2019 年，琼海市引入海南八方留客旅游文化开发有限公司（以下简称"八方留客公司"）社会资本，以统筹古村落为载体，以侨乡文化、下南洋文化为依托，经过两年多的精心打造，初步建成留客"侨乡第一村"的美丽乡村旅游景区。留客村一共 123 户 405 人，常住居民 200 人，村集体用地 200 公顷，除了用于建设星空屋的 0.33 公顷地，其余地块及设施均为社会共享。留客村三个村民小组与八方留客公司签订了合作共建协议，通过"公司+村集体+农户"合作模式，合作共赢。

村民在八方留客公司打工有工资，年底还有分红，出租土地和房屋还有租金。留客村农业专业合作社于2019年成立，目前已有30多名社员。这些社员主要从事八方留客公司的园林绿化、保洁、水稻水果种植、渔业捕捞、家禽养殖等劳务工作，大部分为村里的大龄村民和妇女。社员月工资大部分在2000—2800元之间，建筑工及景区电瓶车工月工资3500元。近两年，八方留客公司通过村里的合作社用工，已向员工支付劳务费450万元。

（3）留客村共享农庄模式

留客美丽乡村项目提出共享农庄的规划实施方案，以共享农庄的思路来发展田园综合体。该项目以预定农产品或农场体验的农业经营模式，主打健康生态农业产品，建设农业种养、旅游度假、康体养生等多维合一的共享农庄，打造农旅结合项目，满足岛内外游客休闲度假需求。该共享农庄模式已成为海南发展共享农庄的一个亮点。

留客美丽乡村是一个典型的共有、共建、共享农庄。村里有共享展馆、共享农事、共享餐厅、共享商铺、共享民间会客厅、共享民宿及共享农艺。目前留客村有13间民宿、5个星空屋共享民宿、1.67公顷鱼稻共生园及莲花池。留客美丽乡村也是一个共享景区，地处万泉河最美河段，其自然景观品质高、南洋文化氛围浓，是留客村最具魅力之处。留客村有栋澳大利亚华侨留下的房子，环境优雅，装修风格富有东南亚风情，游客可以在这里享受茶歇、放松交流。房子现已被改建成共享民间会客厅，投用至今已接待了23个国家的外交使节。共享展馆"海南侨乡第一宅"蔡家宅占地面积约1930 m²，建筑面积约3670 m²，由留客村寓居印尼的富商蔡家兄弟共同回乡建造，于1934年建成。蔡家宅地势偏高，水陆交通便利，北侧是万泉河，南侧是高低起伏的丘陵，是一座庞大完整且具有浓郁南洋风格的中西合璧式建筑群落，是海南侨乡民居的突出代表。目前蔡家宅宅内部展览也得到提升与完善，房前屋后焕然一新，每天引客无数。万泉河是海南的第三大河，水质优良、生态环境优美，全长163公里，流域面积3600多平方公里。在长达1.2公里的流马古渡滨河景观带上，万泉河绝美风景一览无余。游客玩累了可到留客民间会客厅、留客大戏台，品读侨乡故事，体验村民的文娱生活，也可以到临河而建的新落成民宿客栈及星空屋住上一晚，一边品尝留客美食，一边聆听华侨下南洋的故事。

（本专题案例所有一手数据资料均来自南海网海南新闻及人民资讯。）

3. 案例使用说明

（1）教学用途与目的

a. 本案例适用课程：

适用于现代农业创新与乡村振兴战略等相关课程。

b. 本案例的教学目的：

通过对本案例的讨论和学习，使学生理解和掌握现代农业创新与乡村振兴战略等课程的理论，同时提出具体的学习目标。

（2）涉及知识点

本案例主要涉及实施乡村振兴战略的理论、农业农村发展的相关政策和理论探索。需要学生掌握乡村振兴、农村发展与生态环境保护协调发展的方法论。

（3）分析框架

本案例分析框架的构建通过以下过程实现：一是研究文献，初步确定分析维度和角度；二是团队成员间讨论、修改；三是形成完整分析框架。

主要参考文献

[1]琼海留客村：乡村经济"内循环"产业振兴谋发展[N/OL].人民资讯，2024-7-20. https://baijiahao.baidu.com/s?id=178805725348 3785403&wfr=spider&for=pc.

[2]陶璐璐.博鳌留客村：最美乡村尽显华侨文化［N］.中国建材报，2023-04-17.

（执笔：梁静真）

▶▶▶ 广东东源"红+绿+古+文"农文旅融合发展生动实践

摘要： 近来年，广东东源县以乡村振兴为立足点，充分挖掘红色资源、绿水青山、古色传承、民俗文化，深化"红+绿+古+文"农文旅融合发展模式，深度打造"一村一品"。"红+绿+古+文"即：红色引领，传承革命精神；绿水青山，优化生态环境；古色底蕴，弘扬历史文化；文风民俗，营造传统风情。本文选择漳义合镇下屯村、新回龙镇东星村、仙塘镇红光村、溪畲族乡下蓝村四地，分别对应"红、绿、古、文"四点来作为多案例列举对象，从资源、开发主体、产品、发展路径等实践角度进行阐述。

关键词： 乡村振兴，东源县，农文旅，融合发展

1. 案例依据

（1）案例背景

全面建设社会主义现代化国家，最艰巨最繁重的任务仍然在农村。扎实推动乡村产业、人才、文化、生态、组织振兴是贯彻落实乡村振

兴任务的主要内容。党的二十大报告指出，坚持以文塑旅、以旅彰文，推进文化和旅游深度融合发展。农文旅融合发展能有效促进农村第一二三产业有效衔接。现代化乡村走农文旅发展之路，是实现乡村振兴的有效途径之一。

农文旅融合发展以农业特色、农村环境、农民生活为基础，依托乡村农业资源、乡村生态基础、乡村村落生活三大基石，构建农业生产功能、生活居住功能、文化休闲功能、生态保育功能、服务配套功能五大功能，谋求经济效益、社会效益、生态效益三个效益相统一。农文旅融合发展，要实现农业、文化、旅游协同发展；生产、生活、生态同步改善；一产、二产、三产深度融合；产业园区、居民社区、旅游景区相互促进；原住民、新居民、旅游者三方共赢的五个目的。

（2）研究对象

下屯村是著名革命先烈阮啸仙的故里，其啸仙故居、啸仙书屋是全国审计干部教育基地、广东省重点文物保护单位、党史国情爱国主义教育基地。近几年村委立足"啸仙故里"厚重的红色文化底蕴，大力开展红色研学活动，自 2021 年以来，吸引党员领导干部到下屯村参观学习达 19 万人次，其中市外参观人员占比 30%。东星村毗邻因四季皆绿而得名的万绿湖，依托良好的自然生态环境，通过开发万绿谷、客家风情馆、镜花缘、龙凤岛、水月湾等景点，东星村的旅游人气与日俱增，村民实现了脱贫增收，绿水青山也实现了"变现"。红光村地处东源县仙塘镇，村域面积 12 km²，七山三林一分田。村内的南园古村旅游景区是河源市现存规模较大、历史悠久、文化底蕴深厚、保存较为完好的代表性客家古村落之一，迄今已有 400 多年历史，其礼治思想贯穿于建筑与村落之间，被列为"河源市第一批保护古建筑"，是东源县乃至河源市一张古韵经典的名片。2020年底，下蓝村入选首批"广东省少数民族特色村寨"，逐渐形成了以黄龙岩畲族风情旅游区为龙头，辐射上蓝村、下蓝村的南部少数民族特色旅游产业区，以少数民族特有文风习俗引领当地旅游观光产业带发展。

所选四镇特色村农文旅资源丰富多样，发展潜力较高，空间分布合理。四村以农文旅融合发展为契机，打造了各自的支撑品牌影响力。

（3）研究意义

农文旅融合作为一种现代乡村产业发展新模式，已成为乡村全面振兴的重要力量。本节选择的四个案例分布于东源县的义合镇、新回龙镇、仙塘镇、漳溪畲族乡四个镇（乡），分别凸显了东源县"红＋绿＋古＋文"农文旅融合模式中因地制宜地形成的4种类型。东源县充分利用现有资源，开拓创新，发挥了农文旅融合的发展优势，实现了四个镇（乡）的优势互补、相互促进、共同发展，对以新质生产力发展乡村特色产业，实现农文旅产业高质量发展，推进乡村全面振兴具有重要的借鉴作用。

2. 案例内容

广东河源市东源县地处粤港澳大湾区东部，东江中上游，位于北回归线北部，是珠三角与粤东北山区的结合部，东连龙川县、梅州市五华县，北邻和平县、连平县，西接惠州市龙门县、韶关市新丰县，南连源城区和紫金县。地势北高南低，东西两侧多山，以丘陵为主。面积4009平方公里，是广东省县域面积第二大县，也是广东省重要的生态屏障和饮用水水源地。东源县坚持以党的二十大精神为指引，深入学习贯彻习近平总书记关于"三农"工作重要论述和 2023 年中央一号文件精神，深入实施"百县千镇万村高质量发展工程"和东源县现代农业高质量发展三年行动。县内旅游资源丰富，文化底蕴扎实，具有典型的红色精神传承地，农业产业类型多样，特色鲜明。近年来，东源县通过自身实践，探索出农文旅融合发展三大模式。

"特色农业＋县域旅游"模式。东源县坚持"农旅结合、农旅共强、以农促旅、以旅兴农"的原则，强化农文旅融合发展，引导特色水果、茶叶及鲈鱼等特色种植业、养殖业与乡村旅游相结合，大力发展民宿产业，形成集旅游观光、休闲度假、果蔬采摘、民俗体验、拓展运动等于一体的农旅融合发展模式。

"多元文化＋特色农业"模式。东源县群峰荟萃，森林覆盖率高达 70.48%，以得天独厚的自然环境，成就了以仙湖茶、石坪茶以及康禾贡茶、康禾葛根茶为代表的形美味佳、鲜香浓醇的"东源茶"。近年来，东源县茶园面积达 5.5 万亩，产量超 2200 吨，产值超 6 亿元，成功创建了省级茶叶现代农业产业园，通过举办茶旅文化节招商推介系列活动，实现"以茶结缘、以茶会友、以茶弘文、以茶兴业"，助推东源走出一条深具文化特性的茶产业高质量发展新路。

"县域旅游＋多元文化"模式。东源县文脉延绵、薪火相传近 1600 年，孕育了独具东源地域特色的红色文化、客家文化、畲族文化、移民文化、绿色文化和生态文化，非物质文化遗产资源丰富。东源坚持贯彻落实党的二十大精神，深入开展 2023"东源非遗年"系列活动，积极推动非遗与旅游深度融合发展，切实增强非遗传承实践活力，持续提升旅游文化内涵，助推文旅高质量发展，激活乡村振兴新动能，赋能"百千万工程"高效推进。

（1）东源县案例地农文旅资源

①农文旅融合开发主体

农文旅融合开发主要把乡村社区、各级政府和旅游企业作为核心推手，当地居民作为直接受益者。通过调研分析四地开发主体成分发现，各级政府、乡村社区以及各产业企业在东源县农文旅融合开发中均起到了至关重要的作用。义合镇下屯村以村镇两级为主体，以红色资源为依托，成立啸仙故里文旅公司，完善文旅产业配套设施，建成河源市首个粤菜师傅培训基地，构建了集党建、研学、民宿、餐饮、培训于一体的红色文旅综合产业链。新回龙镇东星村的开发主体是河源市万绿谷实业发展有限公司，东源县政府在政策上予以大力支持，提供位于东星村及周边的用地80万平方米。河源市各级党委、政府以及有关部门通过修缮、环境整治等工作，实行"保护机构、保护范围、保护标志、保护档案""四有"工作方针，使仙塘镇红光村的南园古村成为了完备规整的特色古建筑群。漳溪畲族乡下蓝村与黄龙眼4A级国家旅游景区相互辐射带动，以当地居民为基础支撑，县乡两级政府提供政策资金支持，旅游企业创新创办了独具当地特色的休闲旅游文化产业集群。

②农文旅融合产品

农文旅融合产品是直接带动当地经济的原生动力之一，以其结合农业及农村特色、文化风俗和旅游属性而受到关注。四地根据各自地形地貌和文化传承等特点，实现了"一村一品"，各自发展出紧扣村容风貌特色的乡村休闲度假旅游产业带。下屯村依托红色资源，围绕阮啸仙革命先烈的故居和闻啸轩学堂，以及连片建设的东江湿地审计公园、广东粤菜师傅培训基地、审计广场等文化景点，实现了以红色文旅推动乡村振兴的示范作用。东星村利用万绿湖地理优势，通过引入旅游平台——"万绿谷"休闲旅游度假区，实现了将生态优势转化为经济优势，带动当地人民群众在家门口就业，使东星村从过去"有女不嫁东星郎"的穷山窝，变成了现在"游人如织来东星"的山水田园。红光村客家文化历史悠久，南园古村内存留较多古建筑，充分挖掘展示了本地家训文化资源、历史传统和民风民俗，把原潘氏私塾——柳溪书院打造成潘氏家训文化展馆，设置了修身学堂、名贤馆、农耕文化馆、潘氏家训文化展示厅、善行义举榜等展示区，并被授予河源市家教家风实践基地称号。2018年，"畲族蓝大将军出巡节"成功申报省级非物质文化遗产。当地成立非物质文化遗产工作站，保护和传承多个非物质文化遗产，并在此基础上发展畲族风情特色旅游，培育少数民族风情生态旅游品牌的重要载体，助推"特色小镇、美丽乡村"建设。

③农文旅创新发展路径

下屯村以红色资源为落脚点，通过辐射带动作用，倾力打造革命教育、爱国主义教育、党史学习教育基地，成为全市红色教育的网红打卡点。逐步拓展运营了民俗、咖啡店、红色拓展基地等项目，充分实现了过去和现代双维度的游玩乐趣，在增加经济增长供给面的同时，提高了当地经济发展的弹性，红色游与乡村游也成为村民致富的"金饭碗"。同时下屯村还拥有另一个金字招牌——广东粤菜师傅名村。下屯村开展承接了东源县"粤菜师傅"培训基地第一期培训班，打造了农业农村技能人才培训与乡村振兴有效衔接的重要平台。

2006年，一条全长35公里、从桂山路口延伸到东星村的水泥大道全线贯通，同年该村引进了"万绿谷"休闲旅游度假区项目。借着东源县率先在广东省山区县启动创建国家生态文明建设示范县的东风，东星村积极开展了农村人居环境综合整治工作。依托良好的自然生态环境，东星村的旅游人气与日俱增，村民也实现了脱贫增收。如今的东星村，从过去人均年收入不足1000元的贫困村，发展成人均年收入超过1.8万元的旅游村。在这里，青山绿水正在"变现"。

红光村依托深厚的家风家训文化底蕴，形成了"家风文化+"文旅开发、村民共享的发展模式；全力保护修缮古村落建筑群，建设仿古商业街，有效增加了集体经济收入；深入开展"好家风好家训"和"文明户"评比等活动，努力打造典型家风文化，促进了良好家风、文明乡风、淳朴民风兴盛发展，用红光本土文化和基层治理模式赋能乡村振兴，打造共建共治共享新格局。

下蓝村地处广东唯一的畲族乡，在做好漳溪畲族乡蓝姓畲族独有的传统节日——"蓝大将军出巡节"传承的同时，不仅隆重开展畲族民众纪念先祖、追忆历史、驱邪接福等节日活动，更成为漳溪畲族乡汇聚人气、弘扬新风、彰显文化的文风俗模范村。

（2）东源县农文旅发展思路

①吸引优质人才就业创业，营造人才发展进步氛围

功以才成，业由才广。农文旅发展的根基在于人才，复合型的优质人才能满足农文旅融合发展对农业、文化、旅游多方面提出的高质量要求。截至目前，东源县拥有人才总数近三万人，其中获得全日制

大学以上学历、中级以上职称或具有高级技能的人才总数占比近40%，相比2018年增长约20%；2020年县人才新政出台后，新增流入人才约2300人，相比2018年增长40%。东源县贯彻以平台育人，以事业留人的人才发展理念，不断围绕促进重点产业发展要求，大力推进人才发展平台建设，推动形成以平台引才、以才育才的人才开发模式，不断提高人才承载力和孵化率。通过着力优化人才服务环境，让各类人才在东源身有系、业有成、留有依、心有安，增强人才的幸福感、归属感和获得感。建基于人际关系社会基础上的"美丽乡村"政治经济逻辑与现代公司制度下的管理方式有很大差异，这就要求引入村镇的优质人才不仅要懂技术、善经营、会管理，而且要懂农业、爱农村、爱农民。

②数字产业化赋能农文旅，提高农文旅产品韧性

农文旅传统全要素具有现实体验式、沉浸式等属性，通过实现数字产业化革新，可将农文旅产品有效结合网络视听、新媒体平台进行多位一体的传播。农文旅融合发展受自然天气不稳定、村级人口流失、传统文风民俗失传等客观条件的影响较大，而数字文旅将促进直播、VR沉浸式体验、电商、短视频宣传等新业态赋能传统农文旅要素。数字产业化赋能是乡村旅游与农业发展的趋势，丰富农文旅整体相关因子能有效增强产业产品的韧性。全力推进"感知林业"数字化监管平台、"东源智库"人才科技集聚平台建设，争取筹建林科所，引进专业人才，提高科技成果转化效能，加强东源县自然资源禀赋优势保护。

③多元化开发主体，促进多方互利共建美丽乡村

所谓主体性就是崇尚社会运行过程中人的认知主体性或实践主体

性，谋求人的主体能力、主体地位和主体利益。从乡村文化旅游产业融合发展主体看，主要存在政府、乡村集体、外来投资商和乡村居民个体几类开发主体。乡村文旅项目大多是多方参与、合作经营，包括政府主导、企业投资、专家规划、村集体协理，要实现多方互利共赢，则要以共同富裕的理念来平衡利益分配。大型酒店、娱乐场所、度假村、商务中心、创意基地、会议场所多是政府招商引资的产物。政府作为决策主体和推进主体，要改善决策模式，发挥引导功能，建立多边多元决策机制，不能越俎代庖。同时政府作为公共服务的主体，要杜绝形象工程无效投资。一方面，农村村民委员会作为经济上的集体组织，要以统一的确权机制解决农村土地承包经营权、宅基地资格权、集体经营性建设用地入市收益分配权和其他集体资产收益分配权等"多块地"的权益问题。另一方面，村级组织作为纯粹的经济组织考虑时，应该充分体现股份责任制特点。企业等工商资本和各种社会力量不可忽视。要将重农与重商结合起来，营造重商、亲商、稳商、利商的兴农环境。平等保护外源性主体地位，理顺乡村振兴中各类外源性主体与内源性主体的关系。农民居于乡村振兴中的核心地位，未来农村能够与城市交换的核心价值是乡村生活，脱离了农民这一乡村生活的"活的灵魂"，核心价值便很难建立起来。因此多方面主体各具优势且能做到优势互补、资源整合。

④深挖资源横向拓展空间，避免同质化竞争冲击

差异化定位是文旅产业发展的本质属性，也是乡村文旅产业可持续发展的起点。随着消费升级及个性化需求的增加，我国乡村旅游与休闲农业已向观光、休闲、度假复合型转变，然而，在众多的各有千

秋的特色乡村旅游目的地中，如何给游客带来耳目一新的新体验、新刺激，是乡村旅游开发的一大难题。东源县是多元文化融合发展的胜地，有着优秀的文化积淀和传承，创造了绚丽多彩的畲族文化、绿色文化、古色文化、移民文化、客家文化和红色文化。畲族蓝大将军出巡节、汶水塘捕鱼节、上莞镇新轮村"追龙"等"非遗"项目，更是在其广袤的大地上轮番上演，精彩纷呈。乡村文旅产业的核心卖点既不是简单的农家美食，也不是单纯的自然风光，而是一种既能看得见山、望得见水，又能融入当地居民起居日常，能切身感受当地风土人情的乡村生活，即可感可触可参与的乡愁文化。因此东源县可以利用诸多民风民俗开发农村社区，发展小吃街、虚拟现实体验馆、文化演出等夜游经济，实现农文旅产品纵向深度挖掘，提高特异性，也能有效避免同质化冲击。

⑤强化农文旅特色品牌，加强区域合作形成强效应

东源县通过结合辖区内旅游资源优势，着力建机制、搭平台、塑品牌，推进万绿湖风景区争创国家5A级旅游景区，打造东江画廊、诗画田园示范带、南园古村网红咖啡馆等文旅融合新地标。同时提升东源区域公共品牌影响力，如"东源仙湖茶"。其被称为"万绿仙湖，千年贡品"，至今有一千多年历史。通过打造在云雾缭绕的仙湖山上围炉煮茶的体验，让境内外游客在人间仙境中体味仙湖茶的甘、香、醇、滑，提升游客体验感。东源区位优越，是大湾区向北出省和向粤东方向出发的主要通道，交通四通八达，京九铁路和粤赣高速公路、河梅高速公路、汕昆高速公路、河惠莞高速公路等多条全国性交通大动脉贯穿东源全境。东源县东部将以自然资源的高效利用为核心开发新业

态旅游，推动优质资源高效转化。西部将以水质保障为根本前提大力发展生态旅游业和饮品产业，推动旅游产业优化升级。北部将大力发展高品质农产品生产贸易基地和田园综合体，打造现代农业和乡村振兴主引擎，推动乡村全面振兴发展。东源县城依东江而建，已纳入河源中心区统筹规划，与市区实现无缝对接、同城化一体化发展。

⑥实现生态价值高质量发展，科学引领"两山"理论转化

东源县是全国首批"绿水青山就是金山银山"实践创新基地，既有"含绿量"又有"含金量"，辖区内含有四个国家级自然保护地，两个省级自然保护地，是全国唯一一个拥有两个国家级森林公园和两个国家级湿地公园的县。为进一步拓展绿美生态建设，推动储备林建设，打造人与自然和谐共生的"绿美东源样板"，东源县针对库内库外实际，精准施策，对新丰江水库、万绿湖周边，实施重点区域林相改造工作，重点打造牛肚柑橘场绿美景观示范提升项目、桂山至新回龙镇沿线绿美生态景观带、绿美旅游航线景观林相质量提升工程；对于库外部分，重点实施广东康禾温泉国家森林公园林分优化项目、康黄旅游大道林相提升项目和黄龙岩景区周边林相改造项目。通过科学实践"两山"理论，推动森林结构优化，东源县在经济发展的同时实现森林单位面积蓄积量大幅度提高，森林生态系统多样性、稳定性、持续性显著增强，并进一步拓展绿美生态建设，推动储备林建设，打造人与自然和谐共生的"绿美东源样板"。依托生态资源得天独厚的优势，东源县立足绿美东源生态建设目标任务、措施和责任要求，切实绘就绿美东源生态建设蓝图，使当地农文旅发展在经济效益好、生态环境美、品牌效应强、政策支持大、群众认可高的条件下实现优势发展。

3. 案例使用说明

（1）教学用途与目的

a. 本案例适用课程：

适用于现代农业创新与乡村振兴战略等相关课程。

b. 本案例的教学目的：

通过对本案例的讨论和学习，使学生理解和掌握现代农业创新与乡村振兴战略等课程的理论，同时提出具体的学习目标。

（2）涉及知识点

本案例主要涉及"农文旅发展"、"融合发展"、国家乡村振兴和农业农村现代化的相关政策和理论探索；同时涉及乡村发展、乡村建设和乡村治理方面的科学与知识点。尤其需要学生深刻学习、掌握新时代中国特色社会主义思想指导下的乡村振兴和乡村建设的方法论。

（3）分析框架

本案例分析框架的构建通过以下过程实现：一是实地调研，获得第一手资料；二是研究文献，初步确定分析维度和角度；三是团队成员间讨论、修改；四是形成完整分析框架；五是确定案例分析角度。

主要参考文献

[1] 陈仪. 全域旅游背景下"红 + 绿 + 古"农文旅融合发展模式研究——基于全州县旅游市场的调研分析 [J]. 广西经济，2023，41（01），28-33.

[2] 顾伟. 江苏农文旅融合发展的多案例分析 [J]. 商展经济，

2021（19）：34-37.

　[3]陈秀红.从"外源"到"内生"：新时代中国共产党推进乡村振兴的实践逻辑[J].中共中央党校（国家行政学院）学报，2023，27（02），44-54.

　[4]兵团第十二师：农旅融合"活"起来　乡村振兴"跑"起来[N/OL].新华网，2023-4-18.https://app.xinhuanet.com.

　[5]乡村振兴的主体内涵与主体关系[N/OL].宣讲家网.2019-05-05.http://www.71.cn.

（执笔：许星朋、何新华）

▶▶▶ 四川"明月村"：农文旅融合点亮乡村振兴之路

摘要：农文旅融合是产业融合发展的重要形态，是乡村振兴的重要举措之一。四川省蒲江县甘溪镇明月村，以竹海茶山明月窑为依托，大力推进农文旅融合，成效显著，先后获评中国美丽休闲乡村、文化和旅游公共服务机构功能融合试点村、中国传统村落活化最佳案例、四川省首批省级乡村文化振兴样板村（社区）等，并入选联合国第二届国际可持续发展试点社区。明月村通过"文化创意"引领，打造特色旅游产品，带动乡村旅游业发展，结合农旅融合，走上了乡村振兴道路。

关键词：乡村振兴，农旅融合，明月村

1. 案例依据

（1）案例背景

乡村振兴战略"五大振兴"中的文化振兴与产业振兴，是"乡村旅游"的重要依托，农文旅深融合，田园美兴乡村，农文旅融合对乡村振兴起到了积极的推动作用。党的十八大以来，习近平总书记高度重视乡村振兴、乡村旅游工作，作出多次重要指示。习近平总书记指

出："全面推进乡村振兴，要立足特色资源，坚持科技兴农，因地制宜发展乡村旅游、休闲农业等新产业新业态，贯通产加销，融合农文旅，推动乡村产业发展壮大，让农民更多分享产业增值收益。"我们要深入贯彻落实习近平总书记重要讲话精神，把融合农文旅作为推进乡村全面振兴的重要抓手，推动农文旅融合的乡村旅游成为新时代撬动乡村资源潜在价值、传承创新乡村文化生活、促进物质精神共同富裕、加快农村全面进步的有生力量、关键载体和强大动力。

蒲江县甘溪镇明月村依托自身环境及历史文化等优势，进行文化与旅游的有机结合。田园风光是明月村的核心资源，以田园为核心，逐层外扩发展产业，而不是摒弃原有条件，新造一个新型农村。依托本地特色，围绕地理风貌建立景观点、挖掘地域文化、完善内部功能，建成占地 5.133 公顷的明月新村，保留了原生态川西林盘韵味，体现了传统的川西民居风格。

（2）研究意义

加强文化赋能和旅游带动，推动农文旅深度融合，是全面推进乡村的重要途径。蒲江县甘溪镇明月村，2009 年之前还是市级贫困村，通过农文旅融合促进乡村振兴，如今的明月村，到处焕发着乡村文明新气象，成为我国乡村振兴的典型案例。深入分析明月村的发展路径和发展模式，有助于我们总结经验，为明月村及其他乡村的未来发展提供借鉴。各地可借鉴明月村的发展经验，以农文旅融合发展为重要突破口，因地制宜，以"农"兴乡村，以"文"促发展，以"旅"期未来，为乡村振兴集聚起强大功能，持续提高乡村振兴发展效能。

2.案例内容

(1)初识明月

明月村地处成都市蒲江县甘溪镇,全村 2000 余人,幅员面积 6.78 km²,距成都市区 90 公里,地处三市(县)(蒲江、邛崃、名山)交界,是茶马古道与南丝绸之路上的重要驿站。该村自然环境优美,森林覆盖率达 46.2%,拥有雷竹 533.33 公顷,生态茶园 200 公顷,古窑 4 口,形成了独特的陶文化根基。

(2)明月村发展与成效

2009 年以前,明月村村民主要依靠种植水稻和玉米谋求生计。受制于自然地理条件,当地农作物产量不高,村民人均年收入 4772 元,该村是成都市市级贫困村。虽然该村拥有三百多年的邛窑烧制陶瓷历史,但是名气却不大。2009 年以后,在省市县政府的打造下,明月村依托"竹海茶山明月窑"的发展理念,保持雷竹与茶叶作为主要经济作物,以邛窑陶文化作为文化依托,在整促、资金、人才等多方面的支持下,发展成为既自然朴实又现代化的"城乡结合"宜居典型,从成都市市级贫困村进化为乡村旅游胜地。

2013 年,明月村以"竹海茶山明月窑"为建设重点,着力打造"明月国际陶艺村"。2014 年,通过建立项目跟踪服务机制、实行项目分包机制、落实全程跟踪服务、完善督查考核机制、定期通报项目进展情况等方式推进明月村建设工作。2015 年,依据《成都市旅游综合改革试点工作扶持政策》,积极争取项目基金,对明月村基础设施进行升级改造,并结合自身实际进行定制化改造,完善发展规划,打造多元"陶艺文化小镇"。2016年,整体规划并跟进项目,项目开发进程达到50%。2017年,明月村国际陶艺村核心区修建基本完成,引进多家文创企业、多位文创人士和艺术家,并推进本村村民开展创业。2018年,已引进文创项目45个。2019年,对邛窑陶文化进行深度挖掘,申报邛窑技艺为成都非物质文化遗产,并成功推出多项文创活动。2020年,明月村完善优化现有产业业务,继续擦亮自身文旅融合招牌。

2013年至今,经过不断探索,明月村走上了一条特色鲜明的乡村振兴之路:明月村积极依托当地农业手工业传统优势,以"文创 + 旅游"的运作模式带动发展,整合乡村土地资源,调整产业结构,在村内以533.33公顷的雷竹,200公顷的生态茶园为主发展农业观光产业,以"明月窑"为主线发展陶艺、蓝染、篆刻等文创产业,让"茶山、竹海、明月窑"成为明月村的新名片,增强明月村的旅游功能,建成了一个生态宜居、产业兴旺、生活富裕的新乡村。明月村已经成为乡村建设的典范,是一个以陶文化为主题的人文生态度假村落,凭借独特的文化产业发展模式,将独具特色的乡村旅游项目打造成四川省文化产业示范园区和四川省成都市的重大旅游项目,并凭借其开放、包容、创新、绿色的共享共创发展模式,被评为"乡村旅游创客示范基地"。但明月村的竹林和茶园主人没有变,原住民的声音并没有在古村嬗变中被淹没。他们通过制度设计保有了参与决策的权利,更通过各种经营活动找到自己在明月村旅游生态中的位置。

明月村的发展经历了传统农业、产业脱贫,政府搭台、文创撬动、产业支撑和公益助推的"多元共治"三个阶段,完成从生存到生活的飞跃。

（3）明月村农文旅融合促进乡村振兴的模式分析

①文化传承与创新——传统工艺+多元渠道

明月村依托"竹海茶山明月窑"的生态、形态、业态和文态，以传承和创新传统文化推动文化艺术生态集聚融合。一方面抓实项目载体，在项目设计、项目执行、项目评估和项目优化等方面下功夫，启动"明月国际陶艺村"文化产业项目建设。另一方面构建文创生态圈，利用传统工艺和历史故事吸引大量创客和投资者，形成以陶艺、手工艺为特色的文创集群。最后搭建文化交流平台，开展中外陶艺文化交流活动、培训讲座，邀请国内外知名制陶专家现场互动、沟通交流，同时受邀参加成都创意设计周、中国文化馆年会等活动并进行经验交流。

②生态本底保护与发展——生态资源+文创改造

生态资源是农村文旅产业融合的基础所在。强化对明月村竹海、茶山、松林、川西民居等生态本底的保护，在传统乡土文化中融入现代时尚元素与前沿文化内涵，打造具有生态本底的新型旅游景观，大力发展农文旅深度融合的乡村经济。首先配套了个性化文化服务设施。突出人与自然相融理念，建成寓意"散落田间的花瓣"的特色明月村文化中心。其次将生态元素融入基础建设。建成 8.8 km² 旅游环线，8 km² 绿道和 6.7 km² 步行道，同步建成 2300 余平方米文化广场，配套停车场、文化墙等设施，串联起明月村若干文创项目。最后盘活了农房筑"精神高地"。由新村民租赁当地村民的老旧房屋改造为工作室、民宿等，开设特色餐饮和住宿，提升明月村村居整体风貌和业态补充。

③产村人融合与共享——原住村民＋新型村民

基层乡村治理体系是农村文旅产业融合的重要支撑，实现产村人融合，发展成果共享是实现产业融合模式良性长远发展的必备条件。基层乡村治理是乡村振兴五位一体布局当中的重要环节。明月村充分发挥村民主体作用，注重新村民和原住村民共建共享互动，开阔村民发展思路，激发乡土文化自信，积蓄农村持续发展的深厚力量。

④文化服务需与供——质量优先＋创新理念

文化服务是文旅融合产业的内核与主要差异点。在价值链以及文旅融合理论当中，均将文化作为核心指引资源。文化服务不仅能够延长价值链，增加附加值，同时能够实现文旅产业融合，突出独特性和差异性。通过延长文化服务产业链，打造文旅项目的独特差异点和赢利点，是实现农业文旅融合的关键抓手。明月村建立"群众点单—政府上菜"公共文化服务模式，加速推进公共文化服务，提升群众文化品位和层次。

（4）明月村农文旅融合促乡村振兴的实现路径分析

①政府规划支持到位，使融合从无序到有序

蒲江县甘溪镇采用"政府＋主体＋品牌"的模式促进农文旅融合发展。产业融合理论将顶层设计以及宏观制度建设作为促进乡村振兴的首要环节。蒲江县科学研究和编制《蒲江县乡村振兴规划》以推动整体布局发展，由政府提供资金和治理模式支持，通过统一有效的总体规划，大力推进农文旅融合与乡村振兴。在制定规划的基础上，加快制度体系搭建，将产品研发、品牌建设、组织运行、人才培养等各方面的成果体现在制度上，规范乡村旅游发展。

②成立合作社，主动与村两委合作

政府通过健全组织机构建设，为推动乡村文化新产业发展提供坚实保障。合作社作为重要的利益相关者，在协同理论当中为产业促进乡村振兴提供了主体保障与创新。发挥基层党委战斗堡垒作用，成立明月国际陶艺村园区党委，加强党建工作，组织党员落实人才引进、产业提升、品牌宣传等工作。大力发展旅游合作社，由村委会牵头村民入股，创新动员模式，盘活人才存量，适时推出茶园采摘、竹林挖笋、草木扎染、制陶体验等项目，最大限度调动了村民的积极性。

③引进公益力量和专业公司

通过政府购买服务引进公益组织，实现优势互补，凸显集群效应。协同理论提出，以龙头企业为代表的上游利益相关者以及外部公众利益相关者，能够对乡村振兴以及文旅产业融合起到专业化以及广尺度的促进作用。孵化培育明月古琴社、明月诗社等组织，定期开展乡村发展、村落改造、旅游经营等内容的"明月+"系列公益培训讲座，提升明月村整体文化涵养和文艺气质。引进专业公司，将专业团队放在正确位置上，关注文旅融合发展过程中的重点领域、重点环节，大力发展文创产品研发、品牌宣传推广和信息平台打造。加速运用互联网技术，充分打造乡村旅游媒体传播矩阵，积极与大平台、大IP合作，实现强强联手。

④招引人才，带领村民致富

注重培育、挖掘乡土文化人才，开辟多渠道人才引进模式。人才是产业融合以及乡村振兴五位一体布局建设的重要拉动力。人才作为基础性、战略性资源对于产业边界交融、业态模式创新以及乡村振兴具有极大的促进作用。首先，通过出台人才政策，发布人才激励措施及实施细则，吸引新鲜血液注入，以此解决人才匮乏这一乡村振兴制约因素。其次，打造文创生态圈，以文创项目为抓手，引进新村民百余人，包括国家工美行业艺术大师李清等。最后，加大培训力度，围绕产业、技术、文化等关键领域，邀请新村民及专家、学者开展培训百余期，年培训约0.5万人次，村民素质和能力显著提升。

⑤生态本底保护与发展

强化对明月村竹海、茶山、松林、川西民居等生态本底的保护，打造具有生态本底的新型旅游景观。乡村振兴战略以及理论强调了生态文明建设的重要性及其基础作用。以生态资源为基础，以文化资源为指引的文旅融合理论同样指出了生态资源的稀缺程度及关键性作用。

（5）启示

依托文旅融合的乡村旅游是乡村振兴发展的大趋势，明月村依靠其优越的自然环境和特色邛窑陶文化走出了成功的乡村振兴之路。在对其成功的点进行挖掘与借鉴时，应该结合自身的实际情况进行实地综合考量，在规划、土地流转、资金统筹、环境治理和乡风建设等方面进行借鉴与改进。探究出自身的核心吸引点，挖掘自身文化、产业、自然环境等优势，以此作为新模式大力发展，这才是未来乡村振兴的可持续发展之路。

3. 案例使用说明

（1）教学用途与目的

a．本案例适用课程：

适用于现代农业创新与乡村振兴战略等相关课程。

b．本案例的教学目的：

通过对本案例的讨论和学习，使学生理解和掌握现代农业创新与乡村振兴战略等课程的理论，同时提出具体的学习目标。

（2）涉及知识点

本案例主要涉及"农文旅发展"、"融合发展"、国家乡村振兴和农业农村现代化的相关政策和理论探索；同时涉及乡村发展、乡村建设和乡村治理方面的科学与知识点。需要学生掌握新时代中国特色社会主义思想指导下的乡村振兴和乡村建设的方法论。

（3）分析框架

本案例分析框架的构建通过以下过程实现：一是研究文献，初步确定分析维度和角度；二是团队成员间讨论、修改；三是形成完整分析框架，确定案例分析角度。

主要参考文献

［1］潘家恩，沙垚，陈晶晶．更新与互动：文化创意赋能乡村振兴［J］．现代视听，2021（09）：31-35.

［2］张赞．"文创+"时代文旅新场景如何助力乡村振兴［J］．人民论坛，2019（26）：68-69.

［3］张霞．成都市蒲江县甘溪镇"文旅融合"推进乡村振兴案例研究［D］．成都：电子科技大学，2021．

［4］何晓梅，刘杰，吴丹，等．文创点亮乡村振兴之路——四川省蒲江县明月村发展模式解析［J］．中华民居，2020（06）：61-72．

［5］但红燕，徐武明．旅游产业与文化产业融合动因及其效应分析——以四川为例［J］．生态经济，2015，31（07），110-113，117．

［6］魏芊．新农村建设对策思考——基于对成都市蒲江县明月村的考察［J］．开封教育学院学报，2019，39（01），271-273．

［7］彭小霞．乡村振兴背景下多元主体参与乡村治理的角色定位与机制创新［J］．新疆社科论坛，2021（04）：39-47．

［8］舒竹丽．乡村振兴视域下多元主体参与乡村治理研究［D］．南充：西华师范大学，2021．

［9］母冠桦，刘苏蓉．以成都蒲江县甘溪镇明月村为例谈乡村建设［J］．四川建筑，2017，37（05），56-58．

［10］任一啸．新时代乡村振兴战略实施的探索——以四川蒲江县明月村为例［J］．农村．农业．农民（B版），2021（04）：19-21．

［11］天府文化研究院课题组，乃濛．明月村2.0版 探索乡村振兴新路子［J］．先锋，2021（10）：62-65．

［12］刘芳．乡村振兴"成都模式"的借鉴思考——以成都明月村为例［J］．城市建筑，2019，16（29），40-41，89．

（执笔：黄思洋、何新华）

▶▶▶ 靠山吃山　芝农共富：中华灵芝第一乡——浙江龙泉

摘要：共同富裕是社会主义的本质要求，是中国式现代化的重要特征。龙泉市积极响应中央号召，通过多种手段将灵芝种植效益转化为生态经济效益，如强化主体培育力度，引导企业走"专、精、特、新"的发展道路；加大科技引领，全面开展市校、市院合作，推动灵芝产业的技术创新和升级；实施标准生产以及品牌推广运作等。龙泉市以"小灵芝"撬动"大发展"，全链条助力龙泉灵芝产业高质量发展，逐步实现生态产品价值的多重变现。龙泉培育强大的灵芝菌种生产、栽培管理和精深加工技术队伍，使得龙泉灵芝、龙泉灵芝孢子粉双双成为国家地理标志保护产品，多项技术获国家发明专利。灵芝生产、加工、销售等各个环节有力带动了群众就业，成为龙泉山区百姓的共富新途径。

关键词：灵芝，产业发展，共同富裕

1. 案例依据 ◀◀◀

（1）案例背景

1996年国务院经济发展研究中心授予龙泉"中华灵芝第一乡"的

荣誉称号，确立了龙泉灵芝在全国的重要地位。2021年底，全市段木灵芝年产量达到15万立方米（包括龙泉芝农带菌种带技术在全国各地栽培量），年产孢子粉和干芝各2500吨，产值达3.5亿元，成为了拓宽农村增收渠道、增加农民收入的重要途径。龙泉市深入实施《浙江省农业农村厅关于加快推进中药材产业高质量发展的实施意见》（浙农专发〔2021〕65号）、《浙江省农业农村厅关于印发〈支持龙泉市乡村全面振兴促进农民农村共同富裕工作方案（2022-2025年）〉的通知》（浙农专发〔2022〕27号）和《中共浙江省市场监督管理局委员会关于支持龙泉特色产业高质量发展的函》（浙市监党委〔2022〕24号）等文件精神和有关规定。在《2022年中国灵芝区域品牌价值榜单》中，龙泉灵芝、龙泉灵芝孢子粉品牌总价值高达44.96亿元。龙泉市已连续举办中国（龙泉）灵芝大会，并引起了国际蘑菇学会主席格雷格·西蒙的关注。龙泉市"靠山吃山"实现增收共富的成功实践案例，值得推广和借鉴。

（2）研究对象

龙泉灵芝地理标志产品保护范围为浙江省龙泉市西街街道、龙渊街道、剑池街道、宝溪乡、道太乡、小梅镇、锦溪镇等19个乡镇、街道现辖行政区域。

2023年，龙泉灵芝在龙泉市内种植面积500亩，规模化种植基地27个，域内灵芝孢子粉年产量约300吨，总产值5075万元。龙泉灵芝域外种植面积达263公顷，种植基地280多个，种植农户约500户，总产值约5.03亿元。龙泉市通过资源利用、林芝栽培共育技术，创新了三种物质循环模式，即森林—灵芝—森林模式、森林—灵芝—农田模式、森林—灵芝—畜牧养殖—有机肥—农作物模式。此外，龙泉持续拓展农旅融合，将传统灵芝种植基地改造为开放式采摘参观基地，开发灵芝盆栽等旅游产品。坚持林旅深度融合，以"医养＋研学＋旅游"一体化发展，打造多个林旅融合特色景区。龙泉市泉灵谷中医药生态旅游基地入选 2022 年浙江省中医药文化养生旅游示范基地，带动产品年销售额 800 多万元。

（3）研究意义

浙江省龙泉市围绕乡村振兴战略总要求，紧扣缩小城乡差距，以"小灵芝"撬动"大发展"，成为中华灵芝第一乡和中国灵芝核心产区。龙泉灵芝产业快速发展，成为山区农民脱贫致富的新途径，其共富路径具有典型的示范作用和借鉴意义。

2. 案例内容

龙泉，是"中国生态第一市"、国家森林城市和国家级生态示范区、"中国天然氧吧"。龙泉拥有优质的生态环境，加上山地垂直差异明显，昼夜温差大，土壤以红壤和黄壤占多，十分利于灵芝的生长，造就了龙泉灵芝子实体朵形圆整、波纹精美、结构致密、孢子饱满、有效成分高等优异品质。近年来，龙泉市积极拓宽"绿水青山就是金山银山"转化通道，围绕打造灵芝百亿富民产业目标，从全链条布局谋划，系统重塑产业体系，实现了以灵芝产业"小切口"拓展生态价值转化的"大空间"，真正将龙泉灵芝产业打造成"点绿成金"的致富密码。

2022 年，龙泉市政府印发了《龙泉市灵芝、铁皮石斛全产业链高质量发展助力共同富裕示范区建设三年行动计划（2022-2024 年）》，编制了灵芝产业链基本建设项目库，全力实施种质优育工程、绿色强基工程、强企提质工程、创新赋能工程、品牌推广工程等"五大工程"，以"小切口"打开共同富裕"大空间"，为打造品质龙泉注入产业芝强、农民芝富、乡村芝美。

（1）打造"共富工坊"，促进农民就业增收

龙泉市作为中华灵芝第一乡和中国灵芝核心产区，有一支数千人的灵芝从业队伍，龙泉灵芝产业的快速发展，也成为山区农民脱贫致富的新途径。灵芝生产、加工、销售等各个环节有力带动了群众就业，灵芝基地每年每亩可产灵芝孢子粉 375 kg、灵芝 300 kg，扣除成本，亩均产值净收入可达 3 万元，是种植水稻的 25 倍，有效促进了芝农增收。同时，龙泉市农师队伍在中西部地区发展推广灵芝栽培超过 333.33 公顷，带动当地农民增收 1.6 亿元。

（2）外引专家团队，内培年轻人才

龙泉市与上海市农业科学院、浙江省农业科学院等院校合作，开展了灵芝新品种选育、引进、试验、示范工作，自主选育了龙芝 1 号和龙芝 2 号新菌株，引进、推广了沪农灵芝 1 号和 4 号等新菌株，良种覆盖率达 95% 以上。积极引进国家食用菌产业技术体系专家团队，建立"岗位科学家+综合试验站+食用菌研究所+产业农技员"和"博士硕士工作站+综合试验站+产业农技员"的梯次人才队伍，并结合"龙泉菌师""丽水农三师"人才培养，打造一支懂种植、精加工、会营销的创新型产业发展队伍。6000 多名龙泉农师遍布 20 多个省市，他

们凭借技术，带动中西部 80 个地区的农民发展食用菌产业，走上致富路。他们把灵芝产品集散到龙泉加工、销售，使龙泉成为原材料、技术、产品的集散中心，不仅促进了龙泉自身的发展，还服务于全国各地的农村，在带动共富的路子上有了更多的探索。

（3）加强产业融合，迸发新鲜活力

结合灵芝养生、保健功效，龙泉市还在产业融合上作了尝试。眼下，已打造了兰巨梅地仿野生灵芝谷、锦溪泉灵谷灵芝特色园、灵芝文化园、灵芝工厂化游览园等集吃、住、游、娱、教于一体的灵芝文化养生中心，吸引国内外游客来龙泉休闲度假养生。目前，龙泉市游客量正以每年 30% 的速度递增。

（4）发展精深加工，延伸产业链条

近年来，龙泉市以品质化、精细化、特色化、融合化发展为方向，扎实推进灵芝产业提质增效，从种质资源保护和利用，到优质菌种选育和栽培，再到产品研发和学术交流，以及对文化资源的挖掘和颐养健康产业的发展，已然形成了较完整的产业链条，推动了灵芝产业的快速发展。龙泉市先后培育了 11 家集灵芝种植、加工、销售、休闲养生、旅游观光为一体的规模农业龙头企业，选育'龙芝 1 号'和'龙芝 2 号'两个灵芝新品种。研制成功灵芝精深加工产品近 20 个，以破壁灵芝孢子粉为主要原料取得保健食品注册批件 8 个、备案凭证 10 个。精深加工产值达 2 亿多元，产品远销日本、韩国、新加坡等国家，并多次获得浙江农博会金奖。

（5）突出品牌化，弘扬灵芝文化价值

在"2022中国灵芝区域品牌价值榜单"中，龙泉灵芝和龙泉灵芝孢子粉品牌分别以30.47亿元和14.49亿元的价值位列第二和第六位，龙泉灵芝综合品牌价值44.96亿元，位居全国前列。此外，龙泉还获选"中华灵芝第一乡""中国道地灵芝核心产区""中国原生态灵芝栽培示范区"，"龙泉灵芝"品牌影响力持续提升。目前，浙江龙泉已经启动灵芝种植文化系统申报中国重要农业文化遗产工作，建立"浙江省乡村振兴咨询委员会农业文化遗产（农耕文化）专家组龙泉工作室"，助推龙泉灵芝源文化得到更深层次的挖掘、更高水平的保护、更高效的传承与发展。

（6）完善市场监督体系，促进产业健康发展

龙泉市完善监管体系，全面推进特殊食品风险智控协同应用，提升灵芝（灵芝孢子粉）质量安全数字化监管水平，指导企业建立并完善质量管理体系，督促生产企业自查报告率和监督检查率达100%。同时加大抽检监测力度，强化监督抽检。发现的不合格灵芝（灵芝孢子粉）及时处置。加强科普宣传，严打违法行为，严厉打击灵芝（灵芝孢子粉）欺诈和虚假宣传行为。

龙泉市持续推进灵芝产业发展，围绕建设"一区两园两中心六基地"目标要求，到2024年，将龙泉打造成中国灵芝、铁皮石斛核心产区，创建精深加工园、文化产业园和灵芝科创中心、食药用菌交易中心，建设六大产业融合示范基地，推动灵芝、铁皮石斛全产业链建设取得重要进展，产业组织化、规模化、数字化程度有效提升，主体创新力、竞争力得到全面增强，品牌附加值、产品质量和效益明显提高，

全要素保障机制和政策体系更加健全，力争灵芝、铁皮石斛一产产值年均增长 5% 以上、二产产值年均增长 25% 以上，品牌营销额年均增长 10% 以上，龙泉灵芝品牌价值达到 100 亿元。

3. 案例使用说明

（1）教学用途与目的

a. 本案例适用课程：

适用于现代农业创新与乡村振兴战略等相关课程。

b. 本案例的教学目的：

通过对本案例的讨论和学习，使学生理解和掌握现代农业创新与乡村振兴战略等课程的理论，同时提出具体的学习目标。

（2）涉及知识点

本案例主要涉及习近平总书记"共同富裕""中国式现代化"理论，国家乡村振兴和农业农村现代化的相关政策和理论探索；同时涉及乡村发展、产品营销、经济学方面的科学与知识点。

（3）分析框架

本案例分析框架的构建通过以下过程实现：一是研究文献，初步确定分析维度和角度；二是团队成员间讨论、修改；三是形成完整分析框架；四是确定案例分析角度。

主要参考文献

［1］龙泉市人民政府. 龙泉灵芝十年成长之路［N/OL］. 龙泉市人民政府网站，2022-11-14. https://www.longquan.gov.cn/art/2022/

11/14/art_1229355672_59135494.html.

　　［2］龙泉市人民政府. 龙泉：中华灵芝第一乡［N/OL］. 龙泉市人民政府网站，2023-11-23. https://www.longquan.gov.cn/art/2023/11/23/art_1229355680_59145907.html.

　　［3］龙泉市人民政府. 龙泉市召开灵芝产业发展助共富新闻发布会［EB/OL］. 浙江省龙泉市人民政府网站，2023-12-29. https://app.tmuyun.com/webDetails/news? id=7072342&tenantId=88

　　［4］龙泉市人民政府.《龙泉市灵芝、铁皮石斛全产业链高质量发展助力共同富裕示范区建设三年行动计划（2022-2024年）（征求意见稿）》[EB/OL]. 龙泉市人民政府网站，2022-6-16. https://www.longquan.gov.cn/art/2022/6/6/art_1229374403_39871.html.

　　［5］龙泉市人民政府.《龙泉市关于推进灵芝、铁皮石斛全产业链高质量发展的若干政策》（龙政办发〔2022〕46号）［EB/OL］. 龙泉市人民政府网站，2022-8-3. https://www.longquan.gov.cn/art/2022/8/30/art_1229382448_2422063.html.

　　［6］龙泉市人民政府."芝"未来主旨演讲　支招灵芝高质量发展［N/OL］. 浙江省龙泉市人民政府网站，2022-11-14. https://lqnews.zjol.com.cn/lqnews/system/2022/11/14/033937916.shtml.

　　［7］《浙江省农业农村厅关于加快推进中药材产业高质量发展的实施意见》（浙农专发〔2021〕65号)[EB/OL]. 浙江省经济和信息化厅网站，2021-11-23. https://jxt.zj.gov.cn/art/2021/11/23/art_1229123405_2376334.html.

　　［8]《浙江省农业农村厅关于印发〈支持龙泉市乡村全面振兴促

进农民农村共同富裕工作方案（2022-2025年）〉的通知》（浙农专发〔2022〕27号）［R］.

［9］《中共浙江省市场监督管理局委员会关于支持龙泉特色产业高质量发展的函》（浙市监党委〔2022〕24号）［R］.

［10］团体标准《龙泉灵芝生产技术规程》（T/LQNHL 001—2018）［S］. 2018-8-10.

（执笔：盛立洁、叶明琴）

▶▶▶ 共富星村：强村富民集成改革的柯桥路径

摘要：共同富裕是社会主义的本质要求，是中国式现代化的重要特征。浙江省绍兴市柯桥区围绕乡村振兴战略总要求，紧扣缩小城乡差距这一共富的最大难点，创新打造共富星村，全面推进党建联建、强村公司、共富联盟、共富工坊建设，开展以农村集体经济为核心的强村富民集成改革，探索出一条强村富民乡村集成改革推动农民农村共同富裕的实现路径。2022年柯桥区全面消除了集体经营性收入100万元以下的村，农民人均可支配收入达51605元，居浙江省第一，城乡居民收入比缩小至1.599，是浙江发展最协调均衡的县（市、区）之一，位居浙江省全省共同富裕"第一方阵"。柯桥路径和经验为我国其他地区加快缩小城乡差距实现共同富裕提供可复制可推广的样板。

关键词：共同富裕，农村发展，农村集体经济，柯桥

1. 案例依据

（1）案例背景

2021年5月20日，党中央、国务院印发《关于支持浙江高质量发

展建设共同富裕示范区的意见》；2021 年 7 月 19 日，《浙江高质量发展建设共同富裕示范区实施方案（2021—2025 年）》正式发布。绍兴市被列入浙江高质量发展建设共同富裕示范区首批试点名单，试点领域为"建设共同富裕现代化基本单元"。柯桥首批 8 个共富星村创建村全部满星达标，第二批有 7 个"共富星村"入选试点，逐步走出了一条以共富星村建设带动农民农村共同富裕的新路径。柯桥的"共富星村"建设是推进以农村集体经济为核心的富民强村集成改革的成功实践案例。绍兴柯桥区"共富星村"案例入选浙江省第二批共富最佳实践，值得推广和借鉴。

（2）研究对象

柯桥区下辖 11 个街道和 5 个镇、339 个村（居、社区），从一个农业大县、"资源小县"，构筑起"现代工业经济大厦"，成为全国十强县，并跨入全国十强区，成为首批国家乡村振兴示范县创建单位、浙江高质量发展建设共同富裕示范区试点地区。柯桥区连续 12 年蝉联"中国全面小康十大示范县"，成功入选国家级农村改革试验区。共富星村（未来乡村）是共同富裕现代化基本单元，是指围绕经济富裕、创新创业、学习教育、颐养康养、休闲健身、民生服务、文明文化、风貌美丽、数智治理、党建引领等 10 个方面，推进以农村集体经济为核心的强村富民乡村集成改革，打造共同富裕的示范乡村。柯桥以"共富星村"为抓手，发展壮大村级集体经济，打造区、镇、村三级协同强村矩阵，打响共富星村标志性品牌。2022 年柯桥区 328 个村集体经济组织平均经营性收入达到 356 万元，其中 214 个村平均经营性收入 339.6 万元，全面消除经营性收入 100 万元以下的相对经济薄弱村。

（3）研究意义

浙江省绍兴市柯桥区围绕乡村振兴战略总要求，紧扣缩小城乡差距，创新打造共富星村。农村发展"柯桥路径"获评全国乡村振兴示范案例，入选国家级农村改革试验区，展现了柯桥区共富路上的一道亮丽风景，其共富路径具有典型的示范作用和借鉴意义。

2. 案例内容

浙江省绍兴市柯桥区围绕乡村振兴战略总要求，围绕高质量发展建设共同富裕示范先行区的建设目标，制定实施了以"共富星村"为主旨的强村富民集成改革，采用以"一组一办一团一中心六专班"组织体系系统推进试点建设。在浙江省率先打造党建统领"区级引领、镇街主抓、村级主体"三级强村公司共富矩阵，梳理总结出投资收益型、资产盘活型等9种有效模式，实现全区16个镇（街道）全覆盖。2022年，柯桥区政府印发了《绍兴柯桥区构建乡村建设标准体系　全力打造共富星村试点实施方案（2022—2024年）》，制定了共富星村标准。柯桥区致力于以共同富裕乡村建设的标准体系探索为切入点和突破口，开展共富星村建设，首批8个"共富星村"创建村全部满星达标，形成了强村、富民、增收的共富标志性成果。

（1）强化组织保障，全力推进共同富裕乡村建设

柯桥高度重视共同富裕工作，把试点建设作为"一把手"工程来抓，推动共同富裕领导小组对试点建设工作的组织领导和统筹指导，构建起"一组一办一团一中心六专班"的共同富裕组织体系，率先成立共同富裕指导中心，是目前浙江省县（市区）中唯——个正科级单

位，在人员编制上实现扩充，为推进共同富裕提供了机制保障，推动形成统分结合、条抓块统、贯通联动的工作格局。同时，邀请专家学者和老领导组建共富顾问团，充分发挥共富顾问团的智囊助力作用，强化对试点关键突破的建设指导。

（2）深化共富党建联盟引领，建立共富星村建设长效机制

柯桥区积极探索党建引领乡村振兴发展路径，先后出台了《关于印发〈柯桥区抓党建促乡村共富八条举措〉的通知》（柯组〔2021〕36号）、《关于全域组建共富党建联盟高质量打造共富星村的实施意见》（柯组通〔2022〕36号）等政策文件，强化党建引领核心，以建立党建联盟为突破口，构建"1+2+X"党建联盟体系，全域推进党建联建，形成了"5带16片"总体布局和"点—线—面"集成化的党建联建网络。2022年底，组建了100个左右区域化、领域化、专业化的乡村共富党建联盟。计划到2024年底，累计组建各类型共富党建联盟200个左右，构筑起党建统领、联盟共建、互联互通的共富发展格局。

（3）构建强村公司矩阵，促进产村融合

柯桥坚持把强村公司建设作为发展村级集体经济、推进强村富民、促进产村融合的重要举措，构建区级引导、镇级主导、村级补充三级协同强村公司矩阵。积极探索出投资收益型、资产盘活型、资金入股型、资源开发型、产业服务型、区域联盟型、品牌经营型、飞地抱团型、乡村运营型等9种有效模式，探索出了一套"强村公司＋村集体＋农户"共促联动的系统打法，为全区乡村共富注入了强大动能。以强村公司为主要带动，加快全区高效生态现代农业、特色经济和乡村休

闲经济发展，推动产村融合进程，2022年底成立强村公司50家，其中区级2家、镇级15家、村级33家，实现全区16个镇（街道）全覆盖。加快推进兰花、梅花、荷花、菊花和桂花等"五朵金花"，茶树、香榧树、杨梅树、红豆杉等"四棵摇钱树"特色优势产业提质增效，聚力打造茶叶、兰花、菊花、水产养殖、畜禽产业五大特色农业产业集聚区。目前柯桥成功建成国家级"花香漓渚"田园综合体、南部省级茶叶产业集聚区、海丰花卉等现代农业园区，培育了"柯农优品""平水日铸""稽东香榧"等区域公共品牌和农产品地理标志。

（4）打造"共富工坊"，促进农民就近就业

建设"共富工坊"，畅通村企合作渠道，搭建村企合作平台，促进农民家门口就业增收，是浙江省高质量发展建设共同富裕示范区的一大创举。"共富工坊"已收录在国家发改委印发的《浙江高质量发展建设共同富裕示范区第一批典型经验》中且排在第一位。"共富工坊+村组织+农户"的共育联建成为柯桥提高南部山区农民收入的一个重要创新举措。2022年，柯桥已建成土特产工坊、花卉工坊等"共富工坊"109个，其中三星级"共富工坊"10家，吸纳农户就近就业5700余人次，带动村级增收近2000余万元。

柯桥围绕"135"农业特色产业，即"一片叶子（日铸茶）、三棵摇钱树（香榧、红豆杉、杨梅）、五朵金花（兰花、菊花、梅花、桂花、荷花）"，打造共富工坊，构建"大农业"全产业链。整合资源要素，建立"订单收购+分红""社会资本+村集体+农户"等利益联结的共享发展模式，打造"共富工坊"。以培育示范项目、发展共富工坊、联结产业链接为抓手，推进共富工坊建设。如柯桥区平水镇拥有

5.1 万亩竹林，以"年产 2 万吨竹基纤维材料"项目为牵引，衍生出 5 家竹产业链"共富工坊"，形成了一条从毛竹专业砍伐运输到竹篮、篱笆编制再到深度加工销售的产业新路径，已累计为村集体增收约 90 万元、村民增收约 130 万元，为 1000 余位村民提供了就业机会。

（5）善用改革和市场工具，释放乡村活力

柯桥区致力于破解制约农村要素自由流动与外来资本入村的体制瓶颈，统筹推进以集体经济改革为核心的强村富民乡村集成改革。

一是打好"市场化改革＋集体经济""标（准）地改革＋农业'双强'""宅（基）改革＋乡村建设""数字化改革＋强村富民"4 套组合拳，已在平水镇王化村落地试点并持续续深化。深化农村承包土地制度改革，全面落实承包土地所有权、承包权、经营权"三权分置"，组合推进农业标准地改革和农业"双强"赋能。根据国土空间"三区三线"要求，按照"共富星村"建设进度，予以新增建设用地计划指标倾斜，存量土地盘活和批而未供土地优先落实农村发展用地，同时，每年用于"共富星村"建设项目的新增建设用地指标不少于总用地指标的 10%。

二是以全国宅基地制度改革试点为契机，在全国首次实现农村宅基地资格权市域跨县市区有偿选位，并创新配套宅基地"三权分置"全链条贷款体系。实施"闲置农房激活"改革，创新农民权益价值实现机制和闲置资源资产激活路径，有效促农增收。全区共引入社会资本 23.83 亿元，激活农房建筑面积 78.78 万平方米，激活土地、山林 12675.3 亩，增加农户收入 11663.08 万元，增加村集体收入 9031.59 万元。

三是全面完成农村集体"三资"去现金化管理改革，农村集体"三资"管理成为全国样板。《"去现金化"改革让集体收支透明高效》成功入选全国农村财务管理规范化建设典型案例。

四是积极探索党组织领导下的社会组织参与乡村治理机制改革，并成功列入 2021 年全国农村改革实验区国家级试点。

（6）内培年轻干部、外引乡贤人才

在柯桥 2022 年起启动的"共富星村"强村富民集成改革中，人才引流工程是重点实施内容。内培，下派专职驻村指导员，帮助乡村引进富农产业、农村现代化项目；外引，促乡贤回流、推人才引领、借智囊导流。

驻村指导员制度是柯桥的"金名片"，是时任浙江省委书记习近平亲自擘画、部署和推动的一项重要农村工作。2003 年底柯桥区在全省率先探索实施，探索形成县级统筹、因村派人、包乡驻村的工作模式。18 年以来累计派出 18 批次、5500 余人次机关党员干部并下沉到全区 339 个村（居、社区），实现全区驻村指导员全覆盖，驻村机关党员干部成为全面推进乡村振兴、推进农民农村共同富裕的重要力量。"百名指导员进百村"行动，是柯桥通过"内培"人才赋能乡村振兴的生动案例。

乡贤是柯桥的重要力量。为进一步发挥发挥乡土、乡贤、乡创人才力量，全面激活乡村创业、创新、创意，柯桥在绍兴市建立了首个新型现代化乡村人才创业园——花香漓渚乡村人才创业园，目前已引进人才项目 8 个、博士研究生 5 名、乡创人才 4 名，引进电商直播、文化体育等与农业新业态息息相关的新经济业态，带动了当地兰花产

业高质量发展，为村民提供了更多就业和经营机会。为发挥乡贤在助力共同富裕中的积极作用，浙江省绍兴市柯桥区委统战部结合实际，打造了一批以乡贤为引领的同心共富实践基地，目前，已指导全区 16 个乡镇街道培育 47 个基地。

共富星村在柯桥持续推进，发布了《绍兴柯桥区构建乡村建设标准体系　全力打造共富星村试点实施方案（2022—2024 年）》，围绕富裕乡村、众创乡村、学悦乡村、健康乡村、优享乡村、和睦乡村、畅通乡村、诗画乡村、平安乡村、党建乡村"十大标准"，坚持"161"基本路径落实任务举措，强化一个共富党建联盟引领，以实施共富星村全域覆盖行动、共富星村产业强村行动、共富星村富民增收行动、共富星村集成改革行动、共富星村公共服务优享行动、共富星村空间形态优化行动"六大"行动为主要抓手，实现六维突破，聚焦一个数字赋能乡村，全面推进共富星村建设取得重大成效。到 2024 年，共富星村达标建设实现镇（街道）全覆盖，建成 20 个以上有柯桥辨识度、有引领带动作用的共富星村，打造共同富裕乡村的展示之窗和实践范例，形成一条路径、一套标准、一项规范、一个机制"四个一"的标志性成果。村均年集体经济收入、年经营性收入分别达到 785 万元和 370 万元，农村居民人均可支配收入 6.05 万元，城乡居民收入比降至 1.63 以下。

3. 案例使用说明

（1）教学用途与目的

a. 本案例适用课程：

适用于现代农业创新与乡村振兴战略等相关课程。

b. 本案例的教学目的：

通过对本案例的讨论和学习，使学生理解和掌握现代农业创新与乡村振兴战略等课程的理论，同时提出具体的学习目标。

（2）涉及知识点

本案例主要涉及习近平总书记"共同富裕""中国式现代化"理论，国家乡村振兴和农业农村现代化的相关政策和理论探索；同时涉及乡村发展、城乡区域发展、基层社会治理方面的科学与知识点。尤其需要学生深刻学习、掌握新时代中国特色社会主义思想指导下的共同富裕、乡村振兴和乡村建设的方法论。

（3）分析框架

本案例分析框架的构建通过以下过程实现：一是研究文献，初步确定分析维度和角度；二是团队成员间讨论、修改；三是形成完整分析框架；四是确定案例分析角度。

主要参考文献

［1］董科娜. 解码柯桥农民人均收入浙江第一的"五大妙招"［N/OL］. 中国小康网，2023-04-14. https://new.qq.com/rain/a/2023041 4A0AHEI00.

［2］封雪初，徐晔，沈潇. 绍兴柯桥区"共富星村"案例入选浙江省第二批共富最佳实践［N/OL］. 搜狐网，2023-01-03. https://roll.sohu.com/a/624160411_413483.

［3］明晓. 浙江省绍兴市柯桥区：共富星村的柯桥实践［N/OL］.《小康》•中国小康网，2022-12-15. https://www.chinaxiaokang.com/xianyu/gzlfz/yxal/xczx/2022/1215/1387127.html.

［4］绍兴市柯桥区人民政府. 绍兴市柯桥区人民政府关于印发绍兴柯桥区构建乡村建设标准体系　全力打造共富星村试点实施方案（2022—2024年）的通知［EB/OL］. 柯桥区人民政府网站，2022-9-30. http://www.kq.gov.cn/art/2022/9/30/art_1229404693_1878183.html.

［5］夏广茹. 绍兴柯桥打造一批共富标志性成果［N］. 绍兴日报，2023-3-21. http://www.csjcs.com/news/show/495/1543247_0.html.

［6］余丽. 柯桥：因"产"制宜，共融创富入佳境［N/OL］. 浙江融媒体，2023-05-29. https://baijiahao.baidu.com/s? id=1767194432695606945&wfr=spider&for=pc.

［7］中国经济导报记者. 绍兴柯桥区：努力打造共同富裕和中国式现代化县域样板［N/OL］. 中国经济导报，2023-08-08（002）. http://www.ceh.com.cn/epaper/uniflows/html/2023/08/08/02/02_41.htm.

［8］中国改革发展报社记者. 三个密码"探"共富"：绍兴市柯桥区共同富裕建设纪实［N/OL］. 新华每日电讯，2023-08-11. https://baijiahao.baidu.com/s? id=1773913347713615957&wfr=spider&for=pc.

（执笔：何新华）

▶▶▶ 五彩田园：乡村振兴的生动实践

摘要： 广西"五彩田园"按照"产业兴旺、生态宜居、乡风文明、治理有效、生活富裕"20字总方针，扎实推进乡村振兴，成效明显，先后获得"国家农业产业化示范基地""国家农村产业融合发展示范园""国家农业科技示范园""中组部农业农村部农村实用人才带头人和大学生村官示范培训基地"，以及广西首批自治区级现代特色农业（核心）示范区、田园综合体等称号。"五彩田园"的案例是广西乡村振兴建设的一个缩影，有重要的示范效果和借鉴作用。

关键词： 五彩田园，乡村振兴，田园综合体，农业农村现代化

1. 案例依据

（1）案例背景

现代特色农业示范区建设是广西深入贯彻落实习近平总书记视察广西"4·27"重要讲话精神和对广西工作的系列重要指示要求的重要抓手，是推动乡村产业发展壮大，促进产业兴旺，加快农业农村现代

化建设，助力新时代中国特色社会主义壮美广西建设的重要平台。广西"五彩田园"现代特色农业示范区（以下简称"五彩田园"）是广西首批自治区级现代特色农业（核心）示范区，先后获得"国家农业产业化示范基地""国家农村产业融合发展示范园""国家农业科技示范园""中国农业公园""国家 AAAA 级旅游景区""全国休闲农业与乡村旅游示范点""全国新型职业农民培训示范基地""全国青少年农业科普示范基地""全国示范农民田间学校""中组部农业农村部农村实用人才带头人和大学生村官示范培训基地""国际慢城""自治区田园综合体"等称号。产业兴旺、生态宜居、乡风文明、治理有效、生活富裕在五彩园田已经初现，五彩田园成为广西乡村振兴的生动实践。

（2）研究对象

广西"五彩田园"现代特色农业示范区位于广西玉林市玉东新区茂林镇，园区规划面积 108 km²，涉及玉州区、玉东新区、北流市、陆川县等 4 个县（市、区）、27 个行政村（社区），人口 8.24 万，致力打造成"广西一流、全国知名"的现代特色农业示范区。"五彩田园"于 2014 年 4 月正式启动建设，通过全力打造、高品位建设，取得明显成效，形成了以种植业（水稻、花卉、果蔬、草药）、设施农业（果蔬、水产、食用菌、陆基养殖）、观光休闲农业（农业嘉年华、樱花园、兰花园等）、南药种苗、康养、餐饮食宿、教育培训、科普研学、劳动教育、农产品加工为主导的产业链和田园综合体，成为玉林市区位条件最优、农业生产基础最好、三产融合发展最快、自然环境最美的园区。

（3）研究意义

"五彩田园"以"两区同建、全域 5A、国际慢城"为理念，以"百里生态画廊，中国希望田野"为主题形象，以标准化、规模化、品牌化、特色化、生态化、田园化"六化"为要求，从"山水田林路、一产二产三产融合、生产生活生态、创意科技人文"等多维度、高起点、高标准进行规划，力争实现"现代特色农业出彩、新型城镇化出彩、农村综合改革出彩、农村生态环境出彩、农民幸福生活出彩""五个出彩"，努力把"五彩田园"打造成为广西乃至全国"现代特色农业的典范、新型城镇化的典范、农村综合改革的典范、美丽乡村的典范、城乡统筹发展的典范""五个典范"。"五彩田园"的实践案例是广西乡村振兴建设的一个缩影，有重要的示范效果和借鉴作用。

2. 案例内容

"五彩田园"围绕第一产业、第二产业、第三产业、新型城镇化、生态文明、美丽乡村、社区文化、公共事业与新市民培训等方面进行规划。产业发展融合"山水田林路、一产二产三产、生产生活生态、创意科技人文"等多种元素，围绕"第一产业、第二产业、第三产业，新型农村社区和生态文明、新型社区文化和新市民培训"等七个方面进行规划。以农业生产为核心，带动科技研发、生态加工、营销策划、教育培训、科普研学、劳动教育、田园休闲、食宿餐饮、养生养老等产业协同发展，推动农业一、二、三产业集成转变，致力发展集生产、生活、生态为一体的现代特色农业，形成 2 个小镇、5 个核心园、30个特色的核心带动、多点呼应、主辅结合、一区多园的产业规划布局。

现已建成农业种植科技示范园、农产品深加工园、农产品物流园、休闲农业观光园、辐射带动园等 5 个园区，成为广西现代特色农业（核心）示范区的标杆。更有中国现代农业技术展示馆、隆平高科杂交稻种植示范基地、海峡两岸（广西玉林）农业合作科技示范园、荷之园、石斛龙园、中国南药园、中华鳖养殖示范基地、东盟土货电商集市、台湾兰园、台湾农业园等几十个特色产业园，形成"一园一主业、一园一特色"的格局。"五彩田园"建设可借鉴的经验分享如下。

（1）功能模式创新

"五彩田园"以"两区同建、全域 5A、国际慢城"为理念，以标准化、规模化、品牌化、特色化、生态化、田园化"六化"为要求，从"山水田林路、一产二产三产、生产生活生态、创意科技人文"等多维度规划建设，立足"现代特色农业产业园区"和"新型农村社区" 2 个功能支点，同步推进深化农村改革、培育新型农业经营主体、引入现代农业科技、发展农业休闲旅游、引进农业新兴产业、开展美丽乡村建设等工作，创新提出了"现代特色农业出彩、新型城镇化出彩、农村综合改革出彩、农村生态环境出彩、农民幸福生活出彩"的"五彩"功能定位。在建设过程中始终坚持绿色发展、低碳发展、循环发展同步推进，科学规划布局生产空间、生活空间、生态空间，扎实推进生态环境保护，对入园企业和项目实行绿色环保准入，将园区打造成为"望得见山、看得见水、记得住乡愁"的广西最好宜居乡村、中国最美田园、中国最美乡村、国际养生养老示范区。

（2）土地流转模式创新

"五彩田园"做到不大拆大建，立足现有的资源禀赋进行升级改造，从统筹城乡发展人手，就地推进城镇化，关键在于选择了一步"先手棋"，那就是进行土地确权。对包括土地、农房、山林、荒地、水域等在内的"六权"进行确权颁证，让资源变成了资产，放大了农民的财产权及资产性收益。确权后，再采取"政府收储、二次流转"的模式，破解土地流转难题，从分散耕作到规模经营，土地从农户手中向新型经营主体集中。核心区92%的水田、95%的坡地已经流转，流转面积2万多亩。突破镇村原有土地归属的局限之后，入园企业流转使用土地，不再受行政区划限制。同时创新推广"集中流转一二次流转"模式，把一家一户分散的土地流转集中起来，再二次流转给有实力的项目业主，提高土地产出率，实现农民增收。创新合作经营与联合经营模式，开展跨村、跨组的合作农场试点，支持农户以土地经营权、资金、房屋使用权等形式入股龙头企业和农民合作社。

（3）投资模式创新

"五彩田园"产业、资金、技术等要素高度集聚集成，逐步构建起了立体式带动周边、背靠西南、辐射东盟的农业园区。创建项目立项、考察评估、规划编制等前期费用由市、区两级财政负担，同时，玉林市党委、政府整合了各级财政资金9.58亿元投入园区，用于乡村道路建设、农田水利建设、农业科技推广、乡村风貌改造等方面，并建立"政府引导，市场主体，产业支撑，多元投入，多方受益"的社会资金投入机制。"多元投入"重点有两招。一是撬动社会资金投入。综合运用奖励、补助、税收优惠等政策，引导撬动各类经营主体及社会资金流向园区。目前"五彩田园"已经落地建设中国南药园、石斛龙园、中国农业大学南方（玉林）实践基地等一、二、三产业项目31个，进驻隆平高科、光大实业、中农富通、东方魔树、百谷米业等新型农业经营主体 56 个，建成了全国最大的现代农业高科技展示馆以及国内种植面积最大的中国南药园，催生了世界最大的香料市场、全国第三大中药材交易市场——玉林市中药港，吸引各地企业纷纷来园投资，为"五彩田园"带来了良好的市场声誉。二是引导金融机构投入。通过加强银政企合作，设立农村产权抵押融资风险补偿基金，为入园企业争取银行贷款，引入玉林交通旅游投资集团作为五彩田园投融资主体，与银行合作成立发展基金等，撬动各类经营主体投入资金 20 多亿元。2016 年 1 月 26 日，原广西壮族自治区党委书记彭清华在《广西"五彩田园"现代特色农业示范区运营一周年报告》上批示："'五彩田园'项目是我区"美丽广西"乡村建设和现代特色农业示范区建设的成功实践。"

（4）运营模式创新

"五彩田园"建园之初，侧重于统一管理，成立了以市委书记、市长任指挥长的建设管理项目指挥部，统筹、协调、决策建设管理过程中需要解决的原则性重大事项和问题；成立了五彩田园管理中心，具体负责或牵头协调属地政府落实园区相关的各项公共事务、社会事务，明确了由玉林市交通旅游投资集团有限公司具体负责园区的规划、开发、建设、经营及管理，构建了"一个中心抓管理，一个公司抓运营"的工作格局；引进了北京中农富通公司、上海景域旅游发展有限公司等企业，实现了先进理念、高端人才、社会资本的加速流入，整个园区形成"政府引导、市场主导、多元投入、统一管理"的运营管理机制。

（5）利益联结机制创新

五彩田园坚持园区建设、企业发展、农民得利的原则，引导入园企业通过实行"新型经营主体 + 基地 + 农户""新型经营主体 + 农户""企业 + 土地股份合作社"等产业化模式，创新保底 + 分红、土地流转租金 + 返聘务工、土地入股、经营权拍卖等多重分配方式，使农民实现了土地流转金、薪金、股金、房屋租金、养老保险金"五金"收入，保障农民获得更多收益。同时园区不断创新对返乡下乡人员创业创新的培育模式，将现代技术生产方式和经营理念注入农业，促进城乡资源要素双向流动，带动农民分享第二、第三产业增值收益，给农民提供更宽的就业增收渠道。园区企业承载能力和辐射带动能力不断增强，共吸纳当地农民就业 5000 多人，人均月工资达 2800 元；辐射带动 7300 多名农民参与园区旅游接待、交通运输、餐饮服务等乡村旅游配套服务产业，实现了就业增收。园区的高速发展还吸引了大批外出务工人员返乡创业寻求发展商机，分享园区产业增值收益，如鹿塘村村民陈健林原在广东务工，2015 年回到家乡创办荷塘月色客栈，年纯收入超 30 万元。截至 2016 年底，园区内共有农家乐 126 家、农家旅店 58 家，当年接待游客 730 多万人，实现旅游收入 2.26 亿元；核心区农民人均可支配收入 18036 元，分别高于玉林市和广西平均水平43.3%、74.1%，实现了脱贫致富。

（6）产业融合

"五彩田园"从建园之初就从"大田园"的视角出发，以特色农业为切入点，以农业转型升级和农民增收致富为目的，以发展特色种植业、农产品加工业和休闲观光农业为抓手，深入挖掘园区自然资源禀赋和历史人文景观，不断延伸农业产业链，拓展农业多种功能，推动农业与上下游产业紧密结合，突出产业、人居、生态、旅游复合功能，实现一、二、三产业有机融合。园区依托中农富玉、隆平高科等知名企业，布局建设一批现代高科农业，超级稻、马铃薯和南方水果等特色粮食果蔬高产示范基地，做优特色种植业，加快发展富硒大米、冬种马铃薯等优质粮食产业。通过调整优化园区荔枝、龙眼、百香果等优势水果和蔬菜的产业布局和品种结构，加快发展优质果蔬，重点改良提升果园 5000 亩。着力拓展南药种植，加快推进 1.5 万亩中国南药园项目建设，辐射带动玉林市种植中药材 50 万亩。重点推动园区优势特色产业基地与玉林制药、旺旺食品、宏邦食品等行业领军企业开展农产品加工合作，打造农产品加工业产业集群，提升园区农产品加工业发展水平。依托园区的田园风光、青山绿水、农耕文化、特色产业、岭南农家等优势景观资源，大力发展以农家乐、休闲观光、采摘体验、民俗民宿、健康养老、农耕文化创意等为主的农业生态田园经济，重点建设了一批星级农家乐、农家旅店，升级改造岭南农耕文化园、荷塘月色、三角梅园、荔之源、荷之源、南美园、樱花园、禅园、台湾兰园、生态乐园等休闲农业项目，打造都市休闲观光农业核心示范带，把园区田园生态优势转化为田园绿色产业优势。每一个项目既是产业经营项目，也是旅游景点。目前园内共有农家乐 126 家，农家旅店 58 家。2015 年开园至今，累计接待游客 5000 多万人次，旅游总收入约 16 亿元，实现总产值 200 多亿元。共吸纳 5000 多名当地农民就业，辐射带动 7300 多名外来人员参与旅游接待、交通运输、餐饮等服务产业，人均月工资达 2800 元。核心区农民人均可支配收入 2.1 万元，大大高于玉林市和广西平均收入水平。同时，"五彩田园"大力发展园区"双创"模式，优化"双创"政策环境，建设了一批"双创"孵化基地，培育了一批新兴业态孵化器，搭建了一批创业见习、创客服务平台，吸引和支持新型经营主体入园创新创业。

园区是固定的，产业却是流动的。"五彩田园"不仅仅是一个样板、模式，其创新理念与辐射力还成为带动周边区县发展的助推器。"五彩大田园—综合园区—特色产业园"，动静相宜、新旧结合的板块化和组团式布局，形成园中有园、内涵丰富、产业聚集、功能齐全的有机田园综合体。五彩田园这个"大园子"展，把农村的发展同城市的需求和资源对接起来，促进了农村一、二、三产融合发展，催生着农村的新产业新业态，培育着农村的新型社区，正在形成一种新的多村综合发展模式。

（7）品牌培育

品牌是企业价值的源泉，而区域品牌则是一个地区企业群永久价值的源泉，代表着该区域企业的永恒竞争力。园区以五彩田园作为一个全域化、全品类、全产业链的综合性区域公用品牌，在品牌这个无形资产上加大营销策划和管理力度，对涵盖五彩田园符合品质条件的所有农产品和园区内的现代特色农业进行整体包装和宣传推介，建设线上、线下"双线互动"的名特优农产品展示中心，提升园区产品市场契合度和品牌竞争力，大力打造"五彩田园"区域公用品牌，提升园区产业影响力。实施"品牌农业建设、品牌园区提升"战略，立足市场需求引导园区产业结构调整，突出产业优势培育园区特色品牌产品。以中药产业为例，玉林市发挥"南方药都"品牌效应，优化中药材产业链，以中国南药园、玉林健康产业园、玉林制药、玉林中药港等为主体，形成了一个完整的中药材产业体系。园内的中国南药园以南药种植、科研、加工为主，占地 1.5 万亩，与中药材物流园、中医药健康产业园成为拉动玉林中医药产业的强力引擎，辐射带动全市种植中药材 100 万亩。创立于 1956 年的"中华老字号"企业——广西玉林制药集团有限责任公司，以中成药和天然药物研发、生产、销售为主业，是中国中药制药 50 强企业和国家农业产业化重点龙头企业。

重点推进的电商农业东盟土货市场、农业电商孵化基地等项目建设，也在为"五彩田园"这个大品牌添砖加瓦。大力支持淘宝特色中国玉林馆运营完善，引导新型农业经营主体开设第三方电商平台旗舰店，建设鹿塘村社区"电商小镇"，重点发展农产品加工流通、电子商务服务，强化产业链建设，提高产品附加值。

而"五彩田园"第一个核心项目——中国现代农业技术展示馆，通过现代的温室及栽培技术，将种植展示与景观设计有机融合为一体，是一个以"农业、科技、文化、旅游"为驱动，集科技示范、产业推广、现代农业培训、农业合作交流、科普教育、研学旅行、休闲体验为一体的展馆。其早已成为"五彩田园"的标杆性项目，成为各地政府、企业竞相参观学习的旅游胜地。展馆由广西中农富玉国际农业科技有限公司负责运营管理。

（8）推广升级

把玉林市建成一个大田园，实现"从五彩田园到五彩玉林"的战略构想，需要持之以恒的创新实践。田园综合体既是创新实践，更是未来蓝图。新图纸上描绘的内容，包括重点打造本草健康小镇、荷塘五彩小镇、种业小镇、云良运动小镇、矿山小镇等 5 个特色小镇；每个小镇占地 2—5 km²，可容纳 3 万—5 万人安居就业，并且要在原有"5 个园"的基础上，完善户外拓展培训体验片区、民俗文化体验区、露营森林探险体验区、休闲农业区、生态湿地区、乡村田园区等"6 个片区"。同时，玉林市党委、政府决定，加快推广复制五彩田园模式，在玉林城区周边布局建设"五园"，即五彩花园、五彩果园、五彩菜园、五彩稻园、五彩药园。以五彩田园为中心，沿玉林市区、北流市、容县构建绿色田园风景、生态景观带。1.28 万平方千米的全域辐射区像一张立体交织的五彩画卷，正在玉林大地徐徐展开。"特色小镇＋自然村落＋产业园区＋田园风情"，从试点先行到以点带面，一个又一个新的田园综合体雏形，正在五彩田园周边"复制＋粘贴"。从传统农业大市到现代农业强市的转变，玉林找到了新路。

玉林市正在统筹实施大交通、大城市、大田园、大产业、大商贸"五大战略"，向"五彩玉林，田园都市"的建设目标持续加力，"把玉林市建成一个大田园"。原本多姿多彩的玉林，在新时期的转型升级过程中，面临着现代农业、美丽乡村建设的提升要求，进而向城乡融合、区域一盘棋推进。资源与市情，决定了玉林市要选择特而强、聚而合、精而美的特色发展路径，从而打响"五彩玉林，田园都市"品牌。"五彩田园"从山水田林路，一、二、三产业，生产生活生态，创意科技人文等多个维度规划建设，丰富着"从五彩田园到五彩玉林"的战略构想。

3. 案例使用说明

（1）教学用途与目的

a．本案例适用课程：

适用于现代农业创新与乡村振兴战略等相关课程。

b．本案例的教学目的：

通过对本案例的讨论和学习，使学生理解和掌握现代农业创新与乡村振兴战略等课程的理论，同时提出具体的学习目标。

（2）涉及知识点

本案例主要涉及习近平总书记"共同富裕""中国式现代化"理论，国家乡村振兴和农业农村现代化的相关政策和理论探索；同时涉及乡村发展、乡村建设、产业融合、区域发展等方面的科学与知识点。学生通过学习研讨，掌握新时代中国特色社会主义思想指导下的共同富裕、乡村振兴和区域协调发展的方法论。

（3）分析框架

本案例分析框架的构建通过以下过程实现：一是研究文献，初步确定分析维度和角度；二是实地调研和访谈；三是团队成员间讨论、修改；四是形成完整分析框架，确定案例分析角度。

主要参考文献

［1］"五彩田园"田园综合体，产业、规划、融合样样出彩［N/OL］．搜狐网，2020-6-17．https://www.sohu.com/a/402494770_120086998．

［2］玉林市玉东新区工委管委办公室关于印发广西玉林"五彩田园"现代特色农业示范区企业准入退出管理办法的通知（玉东办规〔2022〕2号）［EB/OL］. 2022-7-15. http://ydxq.yulin.gov.cn/xxgk/fdzdgx/wjzl/zcfg/t13188479.shtml

（执笔：周静华、何新华）